SACHSEN

Mit Dresden, Leipzig, Erzgebirge,
Sächsischer Schweiz

Bernd Wurlitzer, Kerstin Sucher

TRESCHER VERLAG

3., aktualisierte Auflage 2015
Trescher Verlag
Reinhardtstr. 9
10117 Berlin
www.trescher-verlag.de

ISBN 978-3-89794-319-3

Herausgegeben von Bernd Schwenkros und
Detlev von Oppeln

Reihenentwurf und
Gesamtgestaltung: Bernd Chill
Satz: Annette Zidek
Lektorat: Corinna Grulich
Redaktionelle Mitarbeit: Hinnerk Dreppenstedt
Karten: Johann Maria Just, Martin Kapp

Das Werk einschließlich seiner Teile ist urheberrechtlich geschützt. Jede Verwertung ist ohne Zustimmung des Verlages unzulässig. Dies gilt insbesondere für den Aushang, Vervielfältigungen, Übersetzungen, Nachahmungen, Mikroverfilmung und die Einspeicherung und Verarbeitung in elektronischen Systemen.
Alle Angaben in diesem Buch wurden sorgfältig recherchiert und überprüft, trotzdem kann für die Richtigkeit keine Gewähr übernommen werden. Hinweise und Informationen unserer Leserinnen und Leser nimmt der Verlag gerne entgegen. Bitte schreiben oder mailen Sie unter obiger Adresse.

Gedruckt auf chlorfrei gebleichtem Papier

Printed in Germany

LAND UND LEUTE

LEIPZIG UND DAS HEIDE- UND BURGENLAND

DAS VOGTLAND

DAS ERZGEBIRGE

VON DRESDEN AUS DIE ELBE ENTLANG

OBERLAUSITZ UND ZITTAUER GEBIRGE

REISETIPPS VON A BIS Z

ANHANG

Inhalt

Vorwort	13
Zeichenlegende	14
Das Wichtigste in Kürze	14
Sehenswürdigkeiten	15

LAND UND LEUTE 18
Sachsen im Überblick 20

Geographie 21
Gewässer 23
Geschützte Landschaften 24

Bevölkerung 25
Sport 26

Wirtschaft und Gesellschaft 28
Bergbau 31
Maschinenbau und Textilindustrie 32
Autobau 33
Mit Dampf durchs Land 34
Kunsthandwerk 35
Tourismus 40
Landwirtschaft 41

Geschichte 41
Frühzeit bis Mittelalter 41
Von der Reformation bis zur
   Reichsgründung 44
Das 20. und 21. Jahrhundert 45

Kunst und Kultur 49
Musik und Theater 49
Architektur 51
Bildende Kunst 54
Berühmte Persönlichkeiten 55
Essen und Trinken 64
Feste, Traditionen und Events 70

LEIPZIG UND DAS HEIDE- UND BURGENLAND 76
Leipzig 78
Die Innenstadt 79
Außerhalb des Rings 89

Leipziger Neuseenland	98
Delitzsch	98
Kulkwitzer See	100
Altranstädt	100
Markkleeberg	100
Markkleeberger See	102
Cospudener See	102
Belantis	103
Borna	104
Heide und Wald	108
Bad Düben	109
Eilenburg	110
Wurzen	112
Nischwitz	112
Machern	114
Schildau	114
Oschatz	115
Wermsdorf	116
Kohrener Land	118
Kohren-Sahlis	118
Gnandstein	118
Frohburg	120
Bad Lausick	120
Burgen- und Schlösserland	122
Grimma	122
Höfgen	123
Großbothen	124
Colditz	125
Rochlitz	126
Wechselburg	127
Lunzenau	128
Rochsburg	129
Penig	131
Wolkenburg-Kauffungen	131
Mittweida	134
Burg und Talsperre Kriebstein	135
Hainichen	136
Nossen	137
Altzella	137
Döbeln	137
Leisnig	138

Inhalt 7

DAS VOGTLAND 142

Das Vogtland-Zentrum 144
Plauen 144
Pausa-Mühltroff 148
Syrau 148
Oelsnitz/Vogtl. 149
Talsperre Pirk 149

Vogtländische Schweiz 152
Talsperre Pöhl 152
Naturschutzgebiet Triebtal 152
Elsterberg 153

Im Tal der Göltzsch 154
Auerbach 154
Falkenstein 157
Rodewisch 157
Lengenfeld 159
Reichenbach 160
Mylau 161
Göltzschtalbrücke 162

Im Musikwinkel 164
Klingenthal 164
Schneckenstein 165
Morgenröthe-Rautenkranz 166
Schöneck 166
Markneukirchen 166
Adorf 169

Das Bäderdreieck 173
Bad Elster 173
Landwüst 174
Bad Brambach 174
Schönberg 176

DAS ERZGEBIRGE 178

Chemnitz 180
Hohenstein-Ernstthal 187
Zschopau 187
Augustusburg 189
Lichtenwalde 190

Zwickau	194
Glauchau	198
Waldenburg	198
Blankenhain	199
Lichtenstein	199
Oelsnitz (Erzg.)	200
Freiberg	202
Oederan	208
Westerzgebirge	210
Schneeberg	210
Bad Schlema	213
Hartenstein	215
Schwarzenberg	217
Pöhla	219
Rittersgrün	219
Johanngeorgenstadt	219
Carlsfeld	220
Eibenstock	220
Mittleres Erzgebirge	223
Annaberg-Buchholz	223
Frohnau	227
Schlettau	228
Ehrenfriedersdorf	228
Greifensteingebiet	229
Geyer	229
Drebach	230
Kurort Oberwiesenthal	232
Marienberg	237
Wolkenstein	238
Scharfenstein	238
Pobershau	239
Lengefeld	239
Kurort Seiffen	241
Olbernhau	243
Neuhausen	244
Osterzgebirge	246
Dippoldiswalde	246
Talsperre Malter	250
Glashütte	250
Liebstadt	250
Frauenstein	252

Altenberg	253
Geising	255
Lauenstein	255
Zinnwald-Georgenfeld	257

DRESDEN UND DAS ELBLAND

260

Dresden

262

Die Altstadt	263
Rund um die Altstadt	278
Rechtes Elbufer	282
Dresdens Vororte	286

Dresdens Umgebung

296

Tharandter Wald	296
Moritzburg	297
Radebeul	299
Stolpen	303

Elbaufwärts
in die Sächsische Schweiz

306

Pirna	306
Graupa	311
Großsedlitz	312
Weesenstein	312
Stadt Wehlen	313
Kurort Rathen	315
Basteifelsen	317
Königstein	317
Bad Schandau	320
Schmilka	323
Kirnitzschtal	323
Hinterhermsdorf	323
Sebnitz	324
Hohnstein	325

Elbabwärts nach Meißen
und Torgau

327

Meißen	329
Diesbar-Seußlitz	335
Riesa	337
Strehla	339
Torgau	342
Belgern	345

OBERLAU UND ZITTAUER GEBIRGE 346

Lausitzer Seenland 348
Hoyerswerda 349
Knappenrode 350
Knappensee 351
Bärwalder See 351
Nochten 351

Oberlausitzer Heide- und Teichlandschaft 353
Bad Muskau 354
Kromlau 356
Weißwasser 356
Schleife 357
Rietschen 357
Niesky 358
Kamenz 361
Rosenthal 364
Kloster St. Marienstern 364
Neschwitz 364
Rammenau 365
Pulsnitz 365

Oberlausitzer Bergland 368
Bautzen 368
Kleinwelka 376
Weißenberg 376
Löbau 379
Cunewalde 382
Obercunnersdorf 382
Herrnhut 382
Neusalza-Spremberg 383
Görlitz 385
Landeskrone 391
Berzdorfer See 391
Markersdorf 393
Reichenbach 393
Ostritz 393
Kulturinsel Einsiedel 394

Zittauer Gebirge 397
Zittau 397
Olbersdorfer See 405

Oderwitz	405
Eibau	405
Großschönau	405
Kurort Oybin	408
Wanderungen in die Umgebung	409
Luftkurort Jonsdorf	409
Waltersdorf	410

Reisetipps von A bis Z 413

Glossar	425
Literaturhinweise	427
Sachsen im Internet	429
Die Autoren, Danksagung	430
Ortsregister	431
Personen- und Sachregister	436
Bildnachweis	441
Kartenlegende und -register	444

EXTRAS

Buchstadt Leipzig	30
Das ›Weiße Gold‹	39
Regierungszeiten der wettinischen Herrscher	43
Weine von den Elbhängen	68
Die Mutter aller Messen	86
Die Sachsen sprechen Säggssch	130
Pech aus Pfannen	156
›Klangholz‹-Künstler	168
Die knatternde Gehhilfe	197
Tragödien unter Tage	214
Filigrane Kostbarkeiten	226
Fichtelbergbahn – mit Dampf in die Berge	233
Weißeritztalbahn – mit dem Oldtimer ins Osterzgebirge	248
Der schönste Milchladen der Welt	285
Lößnitzgrundbahn – gemächlich durch die Landschaft	301
Begegnung an der Elbe	340
Sorbische Bräuche	375
Steinerne Hinweisschilder	381
Zittauer Schmalspurbahn – auf schmalen Gleisen bergauf	403

Vorwort

An attraktiven Sehenswürdigkeiten herrscht in Sachsen kein Mangel. Denn es ist ein Land mit imponierender Kunst und Kultur, mit großer Geschichte und jahrhundertealten Traditionen. Zu Wohlstand hat Sachsen frühzeitig der Bergbau verholfen, die pompösen Hallenkirchen sind Zeugen dieser Zeit. Mit August dem Starken, dem berühmtesten Wettiner, zog Pracht ins Sachsenland ein. August und nach ihm sein Sohn August III. jagten ganze Heerscharen von Aufkäufern durch halb Europa, um Kunstschätze zu erwerben. Hüter des sächsischen Staatsschatzes und Ziel von Millionen Gästen aus aller Welt sind solch berühmte Dresdner Museen wie die Gemäldegalerie Alte Meister, das Grüne Gewölbe, die Porzellan- und die Skulpturensammlung. Bereits 1749 schwärmte der berühmte Kunstgelehrte Johann Joachim Winckelmann: »Wer Dresden nicht siehet, hat nichts Schönes gesehen« und der Schriftsteller Erich Kästner meinte gar, »dort liegt Europa«. Dresden mit dem Zwinger und der wieder aufgebauten Frauenkirche ist zweifelsohne eine der schönsten Kunst- und Kulturstädte Europas, aber Sachsen ist mehr. Dazu gehören auch Leipzig und Meißen, Bautzen und Görlitz, wo Künstler aus ganz Europa Bauten von der Renaissance bis zum Jugendstil errichtet haben. Sitzt man mit einem Sachsen bei einem Schälchen Heeßen (einer Tasse Kaffee), einer Eierschecke, Leipziger Lerche oder zur Weihnachtszeit einem Stück Stollen zusammen, wird der die Aufzählung ins Unendliche weiterführen: Semperoper, Gewandhausorchester, Sächsische Staatskapelle, Thomanerchor, Kreuzchor … Und er wird mehr als drei Dutzend renommierte Musikfestivals nennen sowie auf die rund 1000 Schlösser, Burgen und Gärten verweisen. Das alles hat Sachsen zum Kulturreiseziel Nummer 1 in Deutschland gemacht.

Sachsen, das sind aber auch reizvolle Landschaften, allen voran das Sächsische Schweiz genannte Elbsandsteingebirge, das Künstler wie Caspar David Friedrich, Carl Maria von Weber und Richard Wagner inspirierte. Von Dresden aus lässt man sich auf der Elbe mit einem historischen Schaufelraddampfer zu der wildromantischen Felsenwelt tragen. Wer nicht radeln oder wandern möchte, setzt sich in einen dampflokgezogenen Zug und zuckelt damit durchs Zittauer Gebirge, die Moritzburger Teichlandschaft oder das Erzgebirge, das sich zur Weihnachtszeit in ein einziges Lichtermeer verwandelt. Gegenwärtig sind die seit jeher als ›fischelant‹ geltenden Sachsen dabei, ganze Landschaften zu verändern. Die tiefen Krater, die der Braunkohletagebau um Leipzig und in der Oberlausitz hinterlassen hat, gestalten sie zu Wasserparadiesen, mit Sandstränden und Feriensiedlungen, mit Surfern und Seglern auf dem Wasser. Bei soviel kulturellen und landschaftlichen Glanzlichtern dürfte sich niemand mehr wundern, dass Sachsen zu einem der beliebtesten Reiseziele in Deutschland wurde.

Bernd Wurlitzer und Kerstin Sucher

Im Park von Schloss Wackerbarth in Radebeul

Zeichenlegende

- Tourist-Informationen
- Schmalspur- und Bergbahnen
- Buslinien
- Hotels
- Bauden
- Campingplätze
- Restaurants
- Cafés
- Bars, Clubs, Nachtleben
- Museen
- Theater, Oper, Veranstaltungen, Feste
- Einkaufsmöglichkeiten, regionale Spezialitäten
- Wanderwege
- Radverleih, Radwege
- Reiterhöfe
- Badestrand, Strandbad
- Surfstationen, Wassersportmöglichkeiten
- Schiffsfahrten, Bootsverleih, Fähren
- Schwimm- und Erlebnisbäder, Thermen
- Tauchschulen
- Skigebiete
- Angelmöglichkeiten
- Sonstige Sportmöglichkeiten

Das Wichtigste in Kürze

Anreise
Das Straßennetz ist dicht, Autobahnen führen von West nach Ost (A4, A14, A72) und von Nord nach Süd (A13, A17) durch den Freistaat. Mit der Bahn und Fernbussen ist Sachsen ebenfalls zu erreichen. Internationale Flughäfen befinden sich in Dresden und Leipzig.

Auskunft
Informationen erteilt die Tourismus Marketing Gesellschaft Sachsen mbH, Bautzner Str. 45–47, 01099 Dresden, Tel. 03 51/49 17 00, www.sachsen-tourismus.de.

Internet
Alle wichtigen touristischen Informationen sind unter www.sachsen-tourismus.de zu erfahren, wer mehr vom Land wissen möchte, ist auf der Website www.sachsen.de richtig.
Über das aktuelle Reisewetter informiert www.wetteronline.de/Sachsen.

Unterkünfte
Das Angebot reicht von Jugendherbergen und Privatzimmern über Ferienwohnungen und schlichte Pensionen bis zu Luxushotels. Im Reiseführer werden bei

den praktischen Hinweisen einige Empfehlungen für Unterkünfte gegeben, weitere Angebote gibt es auf den Webseiten der einzelnen Orte.
Buchungen sind meist auch über die Tourist-Informationen der jeweiligen Orte möglich.

Preisniveau

Wer in den Zentren der großen Städte wohnen möchte, muss tiefer in die Geldbörse greifen, bei Autoreisenden kommt fast immer noch der nicht gerade preiswerte Parkplatz dazu. Günstiger ist es, sich ein Zimmer am Stadtrand zu nehmen und mit öffentlichen Verkehrsmitteln zu fahren.
Preisgünstig wohnt man in den oftmals familiengeführten Hotels und Pensionen der kleinen Orte im Vogtland, Erzgebirge und der Oberlausitz.

Klima und Reisezeit

Die Unterschiede bei den mittleren Jahrestemperaturen sind groß. Das Leipziger Tiefland erreicht einen Durchschnittswert von 9 Grad Celsius, auf dem Fichtelberg sind es hingegen nur 3 Grad.
Das Elbtal gehört zu den klimatisch begünstigten Regionen, deshalb wurde die höchste Tagestemperatur Sachsens in Dresden mit 39 Grad (20. August 1943) gemessen, die tiefste im erzgebirgischen Marienberg mit minus 35,5 Grad (1. Februar 1956). Viele Regionen wie das Vogtland, das Erzgebirge und die Lausitz mit dem Zittauer Gebirge sind ganzjährig beliebte Reiseziele, Städtereisen werden vorwiegend im Frühjahr und Herbst unternommen.
Die Niederschläge sind sehr unterschiedlich, auf dem Fichtelberg fallen im Jahresdurchschnitt 1200 Millimeter, im Leipziger Tiefland dagegen nur rund 530 Millimeter.

Herausragende Sehenswürdigkeiten

■ Leipzig

Als Messestadt ist Leipzig bekannt, aber auch als Stadt von Kunst und Kultur. Gegenwärtig verwandelt sich Leipzig in eine Wasserstadt. Vom neuen Stadthafen wird man mit dem Boot über wieder freigelegte Flüsschen und Kanäle ins Leipziger Neuseenland fahren. Das entsteht vor den Toren der Stadt – die Restlöcher stillgelegter Braunkohlegruben verwandeln sich in Seen mit Badestränden, Feriendörfern und Segelbooten auf dem Wasser (→ S. 76).

■ Lichtenstein

Das Daetz-Zentrum führt mit mehr als 700 überlebensgroßen Schnitzereien und filigranen Meisterwerken in die faszinierende Welt der internationalen Holzbildhauerkunst. In der ›Miniwelt Lichtenstein‹ marschiert man durch alle Bundesländer und Kontinente und kennt

Renaissanceportal in Pirna

hinterher alle bedeutenden Sehenswürdigkeiten – im Maßstab 1:25. Das Museumsensemble des Städtchens runden das Stadtmuseum, das Puppen- und Spielzeugmuseum sowie die Motorradausstellung ›Die schnellsten Zweitakter der Welt‹ ab (→ S. 199).

■ Dresden

Der Reichtum an Kunst ist unvorstellbar! Raffaels ›Sixtinische Madonna‹ in der Gemäldegalerie Alte Meister und die Juwelengarnituren Augusts des Starken und seines Sohnes im Grünen Gewölbe des Residenzschlosses sind die Prachtstücke der Kunstsammlungen. Zu den Touristenmagneten der sächsischen Landeshauptstadt gehören aber auch die Brühlsche Terrasse, Albertinum, Frauenkirche, Semperoper und Zwinger (→ S. 261).

■ Sächsische Schweiz

Elbsandsteingebirge heißt das Märchen aus Stein offiziell, als Sächsische Schweiz wurde der deutsche Teil des Gebirges bekannt: Felstürme, Schluchten, Fichtenwald, und dazwischen eingebettet die Elbe. Die Natur hat hier ein Meisterwerk geschaffen, das zu den beliebtesten Ferien- und Wanderdestinationen Deutschlands gehört. Wer es ein wenig romantisch mag, der reist von Dresden mit einem der historischen Schaufelraddampfer elbaufwärts (→ S. 306).

■ Meißen

Die Albrechtsburg als die Keimzelle Sachsens und der Dom mit seiner hervorragenden Ausstattung beherrschen die Silhouette Meißens. Am bekanntesten jedoch ist das Meissener Porzellan, das seit 1710 in der Elbestadt gefertigt wird. Auf der Albrechtsburg oberhalb der Elbe gründete August der Starke die Manufaktur, die wenige Jahre später ins Triebischtal zog (→ S. 329).

■ Muskauer Park

Das Naturkunstwerk an der Lausitzer Neiße hat Hermann Fürst von Pückler-Muskau ab 1815 als eine ›zusammengezogene idealisierte Natur‹ geschaffen. Die UNESCO hat den Park im englischen Landschaftsstil mit Altem und Neuem Schloss sowie vielen Denkmälern auf die Welterbeliste gesetzt (→ S. 354).

■ Bautzen

17 Türme und Bastionen prägen das Gesicht von Bautzen. Zu dem Zeugnis mittelalterlicher Stadtbaukunst gehören aber auch der Dom St. Peter und die Ortenburg mit dem Sorbischen Museum und dem Deutsch-Sorbischen-Volkstheater, denn die Stadt ist das kulturelle Zentrum der sorbischen Minderheit (→ S. 368).

■ Görlitz

Das größte Flächendenkmal Deutschlands: Görlitz besitzt mit der Altstadt eine der bedeutendsten Renaissanceanlagen nördlich der Alpen sowie um den Stadtpark eines der größten erhalten gebliebenen Gründerzeitviertel Deutschlands. Fast 4000 Gebäude stehen unter Denkmalschutz (→ S. 385).

Wanderweg im Obererzgebirge

Großartige Schöpfungen barocker Baukunst, Kunstwerke von Weltgeltung, zauberhafte Parks und Schlösser, international berühmte Orchester, dazu Landschaften zum Wandern, Radeln, Klettern, zum Segeln und Windsurfen – das zieht die Gäste nach Sachsen. Viele kommen aber auch, um sich auf die Spuren von Johann Sebastian Bach, Robert Schumann, Richard Wagner, Karl May, August Horch und nicht zuletzt von Kurfürst August dem Starken zu begeben.

LAND UND LEUTE

Die Elbe bei Stadt Wehlen

Sachsen im Überblick

Das sächsische Landeswappen

Lage und Größe: Mit 18 420 Quadratkilometern ist Sachsen das viertkleinste Flächenland Deutschlands, bevölkerungsmäßig liegt es mit 4,1 Millionen Einwohnern an sechster Stelle. In Ost-West-Richtung misst der Freistaat etwa 210 Kilometer, von Nord nach Süd rund 170 Kilometer. Sachsen hat gemeinsame Grenzen mit Brandenburg, Sachsen-Anhalt, Thüringen und Bayern sowie mit Tschechien (454 Kilometer) und mit Polen (123 Kilometer).

Natur: Das nordsächsische Flachland steigt von 100 Meter über NN auf etwa 160 Meter an, Sachsens Hügelland kommt auf etwa 280 Meter. Zu den Mittelgebirgen gehören Vogtland, Erzgebirge, Elbsandsteingebirge, Oberlausitzer Bergland und Zittauer Gebirge. Der Fichtelberg ist mit 1215 Metern Sachsens höchste Erhebung. Die höchstgelegene Stadt ist Kurort Oberwiesenthal auf 920 Metern Höhe.

Klima: Sachsen liegt in der Übergangszone zwischen maritimem westeuropäischem und kontinentalem osteuropäischem Klima. Das Elbtal zwischen Pirna und Meißen sowie die Leipziger Tieflandsbucht sind klimatisch begünstigt. Im Bergland überwiegt raue Witterung mit höheren Niederschlagsmengen.

Religion: Etwa 75 Prozent der Sachsen gehören keiner Kirche an, 18 Prozent sind protestantisch, 4 Prozent katholisch.

Die größten Städte: Leipzig (552 000 Einwohner) und Dresden (541 000), gefolgt von Chemnitz (243 000).

Verwaltung: Seit 2008 bestehen die drei kreisfreien Städte Dresden, Leipzig, Chemnitz und die zehn Landkreise Bautzen, Görlitz, Leipzig, Meißen, Zwickau, Mittelsachsen, Nordsachsen, der Vogtlandkreis und der Landkreis Sächsische Schweiz-Osterzgebirge. Seit 2014 regiert eine Koalition aus CDU und SPD.

Wappen: Der Rautenkranz stammt von den Askaniern, die Wettiner fügten ihn ihrem schwarz-goldenen Schild hinzu. Der Freistaat Sachsen übernahm 1918 das Wappen, der 1990 wieder entstandene Freistaat setzt die Tradition fort.

Wirtschaft: Sachsen gehört seit jeher zu den wirtschaftlich dominanten Gebieten Deutschlands. Gegenwärtig sind die Mikroelektronik, die Elektrotechnik, der Maschinen- und Fahrzeugbau sowie die Metallerzeugung und -bearbeitung bedeutend. Aber auch Manufakturen wie die Uhrenbetriebe in Glashütte, die Porzellanmanufaktur Meissen sowie das Kunsthandwerk gehören dazu.

Tourismus: In den reichlich 2000 Hotels, Pensionen und Jugendherbergen buchen jährlich rund 7 Millionen Gäste etwa 17 Millionen Übernachtungen, auf den rund 100 Campingplätzen übernachten etwa 160 000 Gäste. Jeder zehnte Gast kommt aus dem Ausland, die meisten aus den USA.

Geographie

Sachsens Landschaft steigt von Nordwesten nach Südosten hin an, der tiefste Punkt liegt mit 73 Metern über NN bei Torgau, der höchste ist der Fichtelberg mit 1215 Metern. Im Nordwesten Sachsens dehnt sich die Leipziger Tieflandsbucht aus, in der bereits im Mittelalter der Wald weitgehend gerodet wurde. Reste verblieben in den Flusstälern der Weißen Elster und der Pleiße. Große Teile des Leipziger Landes hat der zu DDR-Zeiten in großem Stil betriebene Braunkohleabbau verwüstet. Die Braunkohle war in der DDR der wichtigste Energielieferant. Gegenwärtig verändert sich das Land um Leipzig zum Teil völlig. Die vom Braunkohlebergbau hinterlassene geschundene Landschaft verwandelt sich in ein Wasserparadies, Leipziger Neuseenland sagen die Touristiker dazu. Der Kulkwitzer See, schon zu DDR-Zeiten entstanden, war das erste Badegewässer. Ihm folgte der Cospudener See mit dem längsten Sandstrand Sachsens. Ein Kanal wird ihn in Zukunft mit dem benachbarten Zwenkauer See verbinden. Insgesamt wird es im Leipziger Neuseenland in einigen Jahren 20 Seen geben, nicht alle sind jedoch für Wassersportfreunde gedacht. So sind der Bockwitzer, der Kahnsdorfer und der Grabschützer See zum überwiegenden Teil Natur- und Landschaftsschutzgebiet, das sich schon heute mehr als 270 Vogelarten als Heimat auserkoren haben. Entstanden sind Naturlehrpfade, Wander- und Radwege. Die sich östlich des Leipziger Neuseenlands ausdehnende Dahlener sowie die Dübener Heide mit ihren großen Kiefernwäldern sind von Sandböden geprägt. Pilz- und Beerensammler schwärmen von dieser Region.

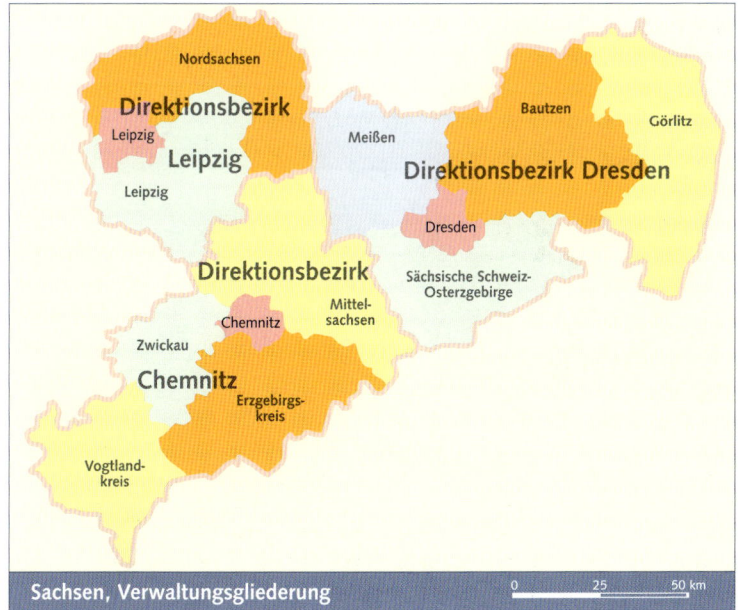

Sachsen, Verwaltungsgliederung

Die Landschaft im Osten Sachsens heißt Oberlausitz, im Westen begrenzt von den Städten Sebnitz, Großröhrsdorf und Pulsnitz, im Norden von der Landesgrenze zu Brandenburg. Wie im Leipziger Gebiet fraßen sich auch hier die Braunkohlebagger ins Erdreich, Straßen und Flüsse wurden verlegt, Dörfer verschwanden, die Rekultivierung blieb hinter dem Neuabbau weit zurück. Gegenwärtig vollzieht sich auch hier ein gravierender Wandel. Die Mondlandschaften verwandeln sich in Europas größte von Menschenhand geschaffene Wasserlandschaft, insgesamt 23 Seen entstehen. Im sich anschließenden Oberlausitzer Heide- und Teichgebiet, der Name bringt es zum Ausdruck, sind viele bereits im Mittelalter angelegte Teiche vorhanden. Der südliche Teil der Region mit weitgeschwungenen Höhen und nicht sonderlich tief eingeschnittenen Tälern heißt Oberlausitzer Bergland. Im östlichen Teil gibt es Reste vulkanischer Durchbrüche, die Landeskrone am Stadtrand von Görlitz ist der nördlichste davon. Die höchsten Erhebungen des Berglandes sind der Valtenberg mit 587 Metern und der Kottmar mit 583 Metern. Der Name Lausitz – die Niederlausitz liegt im Bundesland Brandenburg – ist eine historisch entstandene Landschaftsbezeichnung. Der Name kommt aus dem Slawischen und bedeutet in etwa Wasserloch, Wasserpfütze, was auf eine wasserreiche Gegend hinweist. In der südöstlichsten Spitze, begrenzt von Polen und Tschechien, erhebt sich etwa 500 bis 600 Meter über dem Zittauer Becken das Zittauer Gebirge. Deutschlands kleinstes Mittelgebirge, das vorwiegend aus hellem Sand- und dunklem Vulkangestein besteht, besitzt tiefe Täler und Berge. Die sind oft skurril geformt und tragen deshalb eigenartige Namen. Der größte Teil des knapp 50 Quadratkilometer großen formenreichen Gebirges gehört zu Tschechien, wo es Luzicke hory (Lausitzer Gebirge) heißt.

Am Zwenkauer See, einem ehemaligen Braunkohlerestloch

Eine ähnliche Gesteinszusammensetzung weist das ebenfalls nach Tschechien reichende Elbsandsteingebirge auf, dessen deutscher Teil seit dem 19. Jahrhundert Sächsische Schweiz genannt wird. In der Kreidezeit vor rund 100 Millionen Jahren bedeckte ein riesiges Meer fast ganz Mitteleuropa, das Sand ablagerte, der sich langsam zu einer gewaltigen Steinplatte verfestigte. Bewegungen der Erdkruste führten zu Rissen, Spalten und Kluften, einzelne Steine wurden vom Massiv abgetrennt. Die folgende Eiszeit sowie Sturm, Regen und Eis nagen bis in die Gegenwart an dem porösen Sandstein und gaben ihm jenes faszinierend bizarre Aussehen. Heinrich von Kleist, einer der prominentesten Besucher des Gebirges, notierte 1801, dass die Felsen »wie ein bewegtes Meer von Erde aussehen und in den schönsten Linien geformt sind, als hätten da die Engel im Sande gespielt.« Das Gestein des Gebirges wurde vor allem als Baumaterial geschätzt, auf der Elbe transportierte man die Sandsteinquader nach Dresden und Meißen. Höchster Felsen ist der Große Zschirnstein (562 Meter).

Sachsen und Böhmen verbindet das Erzgebirge. Der Name leitet sich her von den unterirdischen Schätzen Silber, Zinn, Kupfer und Eisen, später kamen Zink und Uran dazu. 130 Kilometer lang und durchschnittlich 35 Kilometer breit zieht sich der deutsche Teil des Erzgebirges vom Auersberg im Westen bis zum Geisingberg im Osten hin. Chemnitz, Zwickau und Freiberg gelten als die Eingangstore. Der in Tschechien liegende Teil trägt den Namen Krusné hory. Typisch für das Erzgebirge sind tiefeingeschnittene Täler und Felsklippen, etwa 70 Prozent der Fläche sind von Wald bedeckt. Auf deutschem Gebiet hat das Erzgebirge mit dem Fichtelberg (1215 Meter) seine höchste Erhebung. Westlich an das Erzgebirge schließt sich das bis in den Freistaat Thüringen reichende Vogtland an, eine hügelige, waldreiche Landschaft mit dem Großen Rammelsberg (963 Meter) als höchstem Berg. Zu ihrem Namen kam die Region durch die einzigartige Machtfülle kaiserlicher Reichsvögte. Das war vor mehr als sieben Jahrhunderten.

Gewässer

Durch Sachsen fließen zahlreiche Flüsse, insgesamt haben die Fließgewässer eine Länge von 15389 Kilometern. Der bedeutendste und bekannteste ist die aus dem tschechischen Riesengebirge kommende Elbe, die 179 Kilometer durch den Freistaat fließt. Im Osten bildet die Neiße die Grenze zu Polen. Die im östlichen Erzgebirge entspringende Freiberger Mulde vereinigt sich südlich von Grimma mit der Zwickauer Mulde zur Mulde, die bei Dessau (Bundesland Sachsen-Anhalt) in die Elbe mündet. Die Weiße Elster kommt aus dem Elstergebirge, in Leipzig nimmt sie die Pleiße auf. Die Spree – vor allem im Zusammenhang mit der Hauptstadt Berlin weithin ein Begriff – entspringt in der Oberlausitz. Drei Quellen hat der Fluss, die höchstgelegene sprudelt am Berg Kottmar, eine weitere in Ebersbach und die dritte im Volksbad von Neugersdorf. Mit natürlichen Seen wurde Sachsen jedoch schlecht bedacht, hier halfen die Menschen nach und schufen zahlreiche künstliche Standgewässer. Sie entstanden durch den Anstau von Flüssen und in jüngster Zeit durch die Flutung von Tagebaurestlöchern.

Geschützte Landschaften

Die DDR ging mit der Natur mehr als sorglos um. So pusteten die Schlote der Kraftwerke Thierbach, Lippendorf, Hirschfelde, Berzdorf und Hagenwerder jährlich rund 590 000 Tonnen Staub in die Welt, der Dörfer und Städte, Wälder und Wiesen überzog. Zu Staub und Asche kamen noch 1,5 Millionen Tonnen Schwefeldioxid und 635 000 Tonnen Kohlenmonoxid. So steht es im Umweltbericht 1991 des damals noch jungen Freistaates Sachsen. Im Erzgebirge erstickten die Wälder an den Industrieabgasen, die der Wind auch vom Nachbarn, dem heutigen Tschechien, herüberwehte, und den Boden schädigte der saure Regen. Um die Schönheiten vieler Landschaften weitestgehend zu erhalten beziehungsweise wiederherzustellen, wurden in Sachsen vier große Gebiete unter Schutz gestellt. So bekam ein Viertel des Elbsandsteingebirges mit seinen bizarren Felsen, wuchtigen Tafelbergen und wilden Schluchten 1990 den höchsten Schutzstatus: 93,5 Quadratkilometer erklärte man zum Nationalpark Sächsische Schweiz, der sich in zwei Teilen über die rechtselbischen Kerngebiete des Elbsandsteingebirges erstreckt. In der oft schwer zugänglichen Felsenlandschaft fühlen sich Fischotter, Luchs, Schwarzstorch, Wanderfalke und Uhu wohl.

Südlich von Hoyerswerda erstreckt sich in östlicher Richtung das 301 Quadratkilometer große Biosphärenreservat Oberlausitzer Heide- und Teichlandschaft, mit 315 Teichen die größte derartige Landschaft Deutschlands. Zusammen mit Dünen, Mooren, Auwäldern und Heiden bilden die Teiche ein einzigartiges Landschaftsmosaik. Weltweit gibt es mehr als 300 solcher Biosphärenreservate, die Bestandteil des UNESCO-Forschungsprogramms ›Der Mensch und die Biosphäre‹ sind. In ihnen wird eine von Menschenhand geprägte Kulturlandschaft geschützt, gepflegt und entwickelt, im Gegensatz zu den Nationalparks, in denen sich die Natur – zumindest in den Kernzonen – ohne menschliches Zutun nach ihren eigenen Gesetzen entwickeln darf. Heimisch geworden ist in dieser Region auch wieder der Wolf, der 1998 erstmals beobachtet wurde. Zwei Jahre später wurden erstmals wieder Wolfswelpen im Freien geboren, gegenwärtig leben im sächsischen Teil der Lausitz zwölf Wolfsfamilien oder -paare.

In der Dübener Heide leben Biber

Der länderübergreifende 750 Quadratkilometer große Naturpark Dübener Heide, von dem 360 Quadratkilometer zu Sachsen gehören, schützt eine von der Saaleeiszeit geprägte, abwechslungsreiche hügelige Heidelandschaft. Der Park liegt zwischen den Flussauen der Elbe und Mulde und etwa zu gleichen Teilen im Freistaat Sachsen und im Bundesland Sachsen-Anhalt. Die Landschaft besteht überwiegend aus Nadel- und Mischwald, aus Seen, Moor

In der Oberlausitzer Heide- und Teichlandschaft

und Grünland. Die Kiefer ist die dominierende Baumart. Über den Wäldern und Wiesen kreisen Kraniche und Seeadler, an den Ufern der Flussläufe haben sich Biber eingerichtet.

Der Naturpark Erzgebirge/Vogtland führt entlang der Grenze zu Tschechien und umfasst eine Fläche von 1495 Quadratkilometern, die zu fast Dreiviertel Wald bedeckt. Er beginnt im Westen im vogtländischen Bad Elster und endet 120 Kilometer weiter im osterzgebirgischen Holzhau. Durch den Naturpark führen rund 5000 Kilometer ausgeschilderte Wanderwege sowie die Ferienstraße Silberstraße. 2008 wurde das Zittauer Gebirge im Ländereck Deutschland/Tschechien/Polen zum Naturpark erklärt. Er hat eine Größe von lediglich 133 Quadratkilometern.

Bevölkerung

Die Sachsen gelten als fleißig und beharrlich, als ideenreich und redegewandt. Ihre Gemütlichkeit, aber auch ihre Reiselust sind berühmt. Selbst bezeichnen sie sich gern als ›fischelante‹ Leute, anspielend auf das, was sie alles so erfunden und geschaffen haben. Doch nicht alle, die in Sachsen wohnen, sind auch Sachsen, was man vor allem an der Sprache merkt. Es gibt die Vogtländer, die Erzgebirgler und die Sorben. In der gesamten Lausitz leben etwa 60 000 Sorben. Ihre Heimat ist an den in Deutschland nur in dieser Gegend vorkommenden zweisprachigen Orts- und Straßenschildern zu erkennen. Die Sorben, auch Wenden genannt, sind Nachfahren des slawischen Stammes der Milzener, die ab dem 6. Jahrhundert dieses Gebiet besiedelten. Sorbe ist die wissenschaftlich exakte Bezeichnung, in ihrer eigenen Muttersprache sagen sie Serb – Sorbe. Wenden nannten einst die

Deutschen alle slawischen Stämme zwischen Elbe und Oder, vermutlich geht die Bezeichnung auf die römischen Geschichtsschreiber Plinius und Tacitus zurück, die von Venedi und Venethi berichteten. Das kleine slawische Volk konnte in der bäuerlichen Familie und der dörflichen Gemeinschaft seine Kultur über die Jahrhunderte hinweg bewahren und weitergeben. Die sächsische Landesverfassung garantiert den Sorben den Schutz ihres Siedlungsgebietes und die »Bewahrung ihrer Identität sowie Pflege ihrer Sprache, Religion, Kultur und Überlieferung«. Die Zweisprachigkeit konnten die Sorben in ihrer Heimat, der Lausitz, bis heute bewahren. Die deutsche und die sorbische Ortsbezeichnung sind gleichberechtigt, beispielsweise Bautzen und Budyšin. Doch das Bundesfinanzministerium scherte dieses verbriefte Recht nicht. Die Bautzener Stadtverwaltung konnte im Jahr 2002 nicht erreichen, dass auf der Sonderbriefmarke zum 1000-jährigen Stadtjubiläum auch der Name Budyšin erschien.

Zu DDR-Zeiten verließen bis zum Bau der Berliner Mauer 1961 jährlich tausende Sachsen das Land. Bei der friedlichen Revolution 1989 erwiesen sich die Sachsen als der Motor. In Leipzig, Dresden, Plauen haben Zehntausende den Ruf nach Freiheit und Demokratie erschallen lassen. Nach den politischen Veränderungen in der DDR und dem fast völligen Zusammenbruch der Wirtschaft setzte sich die Auswanderungswelle fort, erneut strömten viele in Richtung Westen, dorthin, wo es Arbeit gab. Seit dem 3. Oktober 1990 verlor Sachsen mehr als zehn Prozent seiner Bevölkerung. Der Einwohnerrückgang vieler Orte ist gravierend, als Beispiel sei Chemnitz genannt. 1982 lebten in der Stadt 320 000 Menschen, 1990 waren es 294 000, und 2014 verzeichnete die Stadt noch 243 000 Einwohner. Problematisch ist, dass vor allem junge Menschen Sachsen verlassen, die Alterspyramide verändert sich sehr nachteilig.

Sport

Die Sachsen können auf viele sportliche Erfolge verweisen, von Weltmeisterschaften und Olympischen Spielen brachten sie manche Medaille mit in die Heimat. 1936 bei den Olympischen Spielen hat der Leipziger Lutz Long mit dem legendären Jesse Owens seine Kräfte gemessen, bei der der Leipziger die Silbermedaille im Weitsprung erkämpfte. Rudolf Harbig, nach dem das größte Stadion in Dresden benannt wurde, konnte mit der deutschen 4 x 400 Meter Staffel 1936 eine Bronzemedaille erringen. Beide Sportler verloren wenige Jahre später im Zweiten Weltkrieg ihr junges Leben. In Erinnerung bleibt auch die Dresdnerin Ingrid Krämer, die für die DDR bei den Olympischen Sommerspielen 1960 und 1964 drei Goldmedaillen und eine Silbermedaille gewann und damit die Siegesserie der USA-Springerinnen durchbrach, die bis dahin sämtliche Olympiasiege seit 1924 geholt hatten. Die Kugelstoßerin Margitta Gummel gewann bei den Olympischen Spielen 1968 in Mexiko die Goldmedaille, und Christoph Höhne, in den 1960er- und 1970er Jahren einer der weltbesten 50-Kilometer-Geher, wurde in Mexiko 1968 Olympiasieger, dazu kommen zwei Europameistertitel. Die in Leipzig geborene Schwimmerin Kristin Otto kam 1988 von den Olympischen

Wintersportler in Altenberg

Spielen aus Seoul mit sechs Goldmedaillen zurück und der in Zwickau geborene Diskuswerfer Lars Riedel gewann Olympisches Gold, ferner fünf Weltmeistertitel und einen Europameistertitel. Bergab ging es jedoch mit dem einstmals bekannten sächsischen Fußball. Vorbei sind die Zeiten, als 1903 der erste deutsche Fußballmeister VfB Leipzig hieß, der diesen Erfolg 1906 und 1913 wiederholen konnte. Die Dresdner holten diesen Titel 1943 und 1944 in die Elbestadt. Zu DDR-Zeiten spielten manchmal vier sächsische Vereine in der DDR-Oberliga (Leipzig, Dresden, Zwickau, Aue), heute sind alle nur noch Mittelmaß.

Die Ruhmesliste der Wintersportler beginnt mit dem Klingenthaler Harry Glaß, der 1956 mit einer Bronzemedaille von Olympischen Winterspielen zurückkehrte. Ulrich Wehling, für den SC Traktor Oberwiesenthal startend, vollbrachte als einziger nordischer Kombinierter eine sensationelle Leistung: Gold bei den Olympischen Spielen 1972, 1976 und 1980. Der Oberwiesenthaler Jens Weißflog, der erfolgreichste Skispringer aller Zeiten, errang drei olympische Goldmedaillen und vier Gesamtsiege bei der Vierschanzentournee. Die in Karl-Marx-Stadt geborene Sylke Otto, die in Oberwiesenthal die Sportschule besuchte, ist die erfolgreichste Rennrodlerin in ihrer Disziplin: zweifache Olympiasiegerin, sechsfache Weltmeisterin sowie fünffache Europameisterin.

Nicht zu vergessen Katharina Witt, der mit zweimal Olympiagold, vier Weltmeister- und sechs Europameistertitel erfolgreichsten Eiskunstläuferin. Zuvor machten Gaby Seifert und Anett Pötzsch-Rauschenbach Furore, die beide in vielen Ländern auf dem Siegerpodest standen. Trainiert hat diese Sportler in Karl-Marx-Stadt die hochangesehene Jutta Müller, deren Schützlinge insgesamt 73 Olympia-, Welt-, Europameister und DDR-Meisterschaftstitel errangen. Als Trainer einen Namen machte sich in der jüngsten Vergangenheit der in Karl-Marx-Stadt geborene einstige Eiskunstläufer Ingo Steuer. Er führte das Sportpaar

Auch das Odol-Mundwasser ist eine sächsische Erfindung (Werbung von 1895)

Aljona Savchenko und Robin Szolkowy, das sich 2014 trennte, zu neun Welt-und Europameistertiteln. Steuer gehörte zu jenen, die als inoffizielle Mitarbeiter, IM genannt, mit der Stasi zusammenarbeiteten. In deren Visier standen alle Spitzensportler, denn unbedingt sollte verhindert werden, dass einer von ihnen bei Wettkämpfen im Westen der DDR den Rücken kehrte. Die Stasi zog auch beim Doping die Strippen. Leistungsfördernde Substanzen wurden als ›Entmüdungsgetränk‹ oder Vitaminpillen getarnt verabreicht, spätere Gesundheitsschäden waren oftmals die Folge.

Wirtschaft und Gesellschaft

Der Einfallsreichtum der Sachsen ist beachtlich, kluge Köpfe hatte das Land seit jeher. 1708/09 erfand Johann Friedrich Böttger mit Ehrenfried Walther von Tschirnhaus das weiße europäische Hartporzellan, 1785 warf man in Sachsen die erste deutsche Dampfmaschine an, 1837 schnaufte die erste von ihnen gebaute deutsche Lokomotive ›Saxonia‹ los, 1839 nahmen sie die erste Eisenbahn-Fernstrecke Deutschlands zwischen Leipzig und Dresden in Betrieb, 1850 ließ man den in Chemnitz entwickelten ersten mechanischen Tuchwebstuhl patentrechtlich schützen, die erste industriell produzierte Rechenmaschine erblickte 1878 in Glashütte das Licht der Welt. 1895 wurde in Dresden ein ›Leibchen, das die Brust in Form hält‹ als erster Büstenhalter der Welt als Patent angemeldet. Sachsen konstruierten den ersten mechanischen Tuchwebstuhl, hier wurden das Mundwasser, die Reiseschreibmaschine, die Spiegelreflexkamera und der Teebeutel erfunden. 1850 war Sachsen das einzige Land in Deutschland, in dem mehr

Wirtschaft und Gesellschaft 29

als die Hälfte der Bevölkerung von Gewerbe und Industrie lebte; in Preußen war es nur etwa ein Viertel. Chemnitz, ein Zentrum des Maschinenbaus in Europa, hieß einst ›Sächsisches Manchester‹. Leipzig war nicht nur Messestadt, sondern auch die Stadt des Buches. Zu DDR-Zeiten druckte man von den jährlich mehr als 6000 erschienenen Titeln ein Drittel in Leipzig.

Auch heute genießen Produkte aus Sachsen hohes Ansehen. Das Land verbessert sich seit Jahren im Ranking der Wirtschaftsstandorte, es ist ein international wettbewerbsfähiger Hochtechnologiestandort. Im mittelsächsischen Ballungsraum um Chemnitz und Zwickau konzentrieren sich traditionell der Maschinen- und Fahrzeugbau, Mikroelektronik und Elektrotechnik sind zwischen Dresden und Freiberg beheimatet. Beispielsweise kommt jeder fünfte weltweit verkaufte Mikrochip aus Sachsen.

Auch viele der traditionsreichen Produkte besitzen nach wie vor über die Landesgrenzen hinaus einen hervorragenden Ruf. An erster Stelle dürfte das Meissener Porzellan stehen, dazu gehören auch Plauener Spitze, Instrumente aus dem vogtländischen Musikwinkel und Uhren aus Glashütte. 1845 begann in dem kleinen Ort im Osterzgebirge die Uhrenproduktion, die bald Weltruhm erlangte, Kaiser Wilhelm II. überreichte 1898 bei seinem Staatsbesuch in Konstantinopel eine prunkvolle Taschenuhr aus Glashütte als Gastgeschenk, die heute noch dort im Museum aufbewahrt wird. In Glashütte entstehen nicht mehr wie zu DDR-Zeiten Massenprodukte; was heute Glashütte verlässt, sind wieder Luxusuhren, noble Erzeugnisse, höchstens 8000 Stück im Jahr. Deren Preis liegt zwischen rund 13 000 und 390 000 Euro. Doch alle diese Erfolgsmeldungen ändern nichts an der Tatsache, dass es noch viel zu wenig Arbeitsplätze gibt und die Arbeitslosenzahl immer noch bedeutend höher als in den Ländern der alten Bundesrepublik ist.

Hochqualifizierte Zentren der Ausbildung und Forschung sind die Hochschulen. Nach der Einheit wurden sie neu strukturiert, es entstanden die vier Universitäten Technische Universität Dresden, Universität Leipzig, Technische Universität Chemnitz, Technische Universität Bergakademie Freiberg, fünf Kunsthochschulen und fünf Fachhochschulen. Die meisten Studenten hat die Technische Universität Dresden, die größte ihrer Art in Deutschland, mit rund 34 000, gefolgt von der Universität Leipzig mit etwa 25 000 Studierenden. Aufbewahrt wird das über Jahrhunderte erworbene Wissen in Bibliotheken und Archiven. Am Leipziger Standort der Deutschen Nationalbibliothek (ehemals Deutsche Bücherei) stehen rund 16 von insgesamt 27 Einheiten aller deutschen Publikationen.

Sachsen ist der älteste Freistaat in Deutschland. Mit Freistaat betont man, dass das Land nicht von einem Souverän, sondern von freien Bürgern regiert wird. Der Sächsische Landtag ist das Parlament des Freistaates, der vom ihm gewählte Ministerpräsident und die Staatsminister bilden die Staatsregierung als oberste exekutive Gewalt des Landes. Der Landtag wird für fünf Jahre gewählt und zählt in der aktuellen sechsten Wahlperiode (2014 – 2019) insgesamt 126 Abgeordnete, darunter auch 14 von der AfD. Seit den letzten Landtagswahlen bilden CDU und und SPD mit insgesamt 77 eine Regierungskoalition. Ministerpräsident Stanislaw Tillich, ein Sorbe, hat die Richtlinienkompetenz.

Buchstadt Leipzig

Leipzig war und ist nicht nur Messestadt, als zweiten Beinamen trug es den Namen Buchstadt. Seit dem 18. Jahrhundert nahm Leipzig eine führende Stellung auf dem Buchmarkt ein. 1825 wurde in der Stadt der Börsenverein des Deutschen Buchhandels gegründet. Leipzig war rund zwei Jahrhunderte lang Deutschlands Buchstadt Nummer eins. Etwa 1500 Unternehmen des herstellenden und vertreibenden Buchhandels sowie der polygrafischen Industrie waren hier ansässig.

Das Ende dieser Ära kam 1945, als die US-Amerikaner im Juni und Juli die Stadt räumten und vereinbarungsgemäß der östlichen Siegermacht des Zweiten Weltkrieges übergaben. Sie stellten Lkw bereit, damit Verleger Maschinen und vieles von dem geistigen Gut in die amerikanische Besatzungszone bringen konnten. Den Kommunisten sollte nichts in die Hände fallen. Langsam ging es aber trotzdem wieder aufwärts: Seemann, Insel, Reclam, Bibliographisches Institut, Brockhaus und Musikverlage arbeiteten wieder, dazu kamen neue Verlage. Leipzig war wieder eine angesehene Buchstadt geworden. 38 Verlage gab es zu DDR-Zeiten in Leipzig, das waren rund 50 Prozent aller staatseigenen DDR-Verlage. Sie produzierten hervorragend lektorierte, gut ausgestattete und in großen Auflagen gedruckte preiswerte Bücher, von denen westliche Verlage oftmals große Teile in Lizenz übernahmen.

Nach der Einheit begann der Niedergang, die Treuhand vereinte, verhökerte und liquidierte, so sagen es Insider. Viele größere Verlage lösten entgegen ihren ursprünglichen Versprechungen ihre Leipziger Dependancen auf. Die waren entstanden, weil man Ostverlage wie Reclam oder Brockhaus mit gleichnamigen Westverlagen zusammengeführt hatte. Selbst die Buchmesse war nach der Einheit in Gefahr. Siegfried Unseld, der legendäre Leiter des Suhrkamp Verlags, sprach aus, was viele im Westen meinten: »Die Leipziger Buchmesse wird nicht gebraucht. Wir haben Frankfurt!«

Die großen Verlagsnamen verschwanden nach und nach aus Leipzig, einige wie Brockhaus haben wenigstens in Straßennamen überlebt. Mittlerweile gibt es aber in Leipzig wieder eine Verlagsszene, etwa 30 Verlage, darunter Hörbuch- und Internet-Verlage, am bekanntesten dürfte der von Berlin in die Pleißestadt gezogene Verlag Faber & Faber sein.

Und Leipzig ist auch wieder Buchstadt, denn die Buchmesse gibt es nach wie vor, die sich mit ›Leipzig liest‹ bestens platzierte. Dazu kommen die ehemalige Deutsche Bücherei, die seit 2006 offiziell als Deutsche Nationalbibliothek in Leipzig firmiert, mit dem Deutschen Buch- und Schriftmuseum, ferner eine bedeutende Universitätsbibliothek sowie im Stadtteil Plagwitz ein Museum für Druckkunst.

Buchmesse in Leipzig

Bergbau

Der Bergbau hat die Grundlagen für Sachsens wirtschaftliche Entwicklung gelegt. Begonnen hat es ab 1168 mit dem ›großen Bergkgeschrey‹, vergleichbar mit der Goldgräberstimmung in den Vereinigten Staaten. Tausende strömten in die abgelegene Landschaft, die man später Erzgebirge nannte, um nach Silber zu graben. Berg- und Hüttenwerke entstanden, Städte wie Freiberg kamen zu Wohlstand. Vom 12. Jahrhundert an wühlten Menschen in der sächsischen Erde wie Maulwürfe, über Tage hinterließen sie die vielfach das Landschaftsbild prägenden pyramidenhaften Halden. Rigoros wurden die ausgedehnten Wälder des Erzgebirges geschlagen, aufgeforstet wurde in Monokultur mit der schnell wachsenden Fichte.

Der Steinkohlebergbau im Zwickau-Oelsnitzer Revier begann 1846, nachdem zwei Jahre zuvor Bohrungen nach dem schwarzen Gold erfolgreich waren. Die Bergleute drangen in immer tiefere Schichten, zuletzt arbeitete man in 900 Metern Tiefe. 1971 war Schluss, der Steinkohlebergbau war nicht mehr ergiebig. Die Braunkohlevorkommen bei Borna und Delitzsch wurden bereits im 18. Jahrhundert entdeckt, doch der wirtschaftliche Abbau begann erst Mitte des 19. Jahrhunderts. Ein weiteres riesiges Braunkohleabbaugebiet entstand in der Lausitz. In der DDR war die Braunkohle der mit Abstand wichtigste Energierohstoff und somit unentbehrlich, 1989 verbuchte die DDR ein Sechstel der Welt-Braunkohleförderung. Der Bergbau veränderte die über Jahrhunderte gewachsenen Landschaftsstrukturen erheblich, nicht wenige Siedlungen und Straßen mussten der Kohle weichen, Wälder und Felder verschwanden. Zurück blieb eine Mondlandschaft. Die Wiederurbarmachung der Abraumhalden und Tagebaurestlöcher hinkte zu DDR-Zeiten wegen des hohen finanziellen Aufwands den Neuaufschlüssen hinterher. Seit der Wiedervereinigung ist der Braunkohlebergbau drastisch zurückgegangen, seit dem Ausstieg aus der Atomproduktion hat er jedoch wieder an Bedeutung gewonnen.

Nach 1945 begann man im Erzgebirge nach Uran zu suchen, die Sowjetunion brauchte es für den Bau von Atombomben. Häuser, Felder und Sanatorien walzten sie nieder, dafür entstanden Fördertürme, Baracken als Unterkünfte, Halden. Die Kumpel bekamen doppelten Lohn, reichlich zu essen, ein Dach über dem Kopf, fast kostenlosen Schnaps und bunte Orden als Auszeichnung. Unzählige Propagandisten hämmerten ihnen ein, Uran sei das ›Erz des Friedens‹. Es war die Zeit des Kalten Krieges, aber auch die Not nach dem eben verlorengegangenen Weltkrieg. Wer aus dem unversehrt zurückgekommen war, fragte nicht nach gesundheitlichen Schäden. Die zeigen sich bei vielen erst heute, Jahrzehnte nach der großen Zeit des Uranbergbaus. ›Sowjetische Aktiengesellschaft Wismut‹ hieß das Unternehmen, das zeitweise mehr als 100 000 Menschen beschäftigte und viele Gegenden des Erzgebirges durchbohrte.

1954 durfte auch die DDR in die Wismut einsteigen, das Unternehmen wurde zur ›Sowjetisch-Deutschen Aktiengesellschaft‹, an der Spitze stand ein aus Moskau eingeflogener Generaldirektor. Die Wismut war ein Staat im Staate, sie hatte ihr eigenes Handelsunternehmen, ihr eigenes Gesundheitswesen, eigene

Parteischulen. Die Wismut war nach den USA und Kanada der drittgrößte Uran-Produzent der Welt. Rund 231 000 Tonnen Uran holte man im Erzgebirge aus dem Boden. Der bis 1990 betriebene Uranbergbau hat zu erheblichen Umweltschäden geführt, von denen aber die meisten schon nicht mehr erkennbar sind, so tragen die Halden fast alle ein grünes Kleid. Nach dem DDR-Ende trugen Bagger die Halden ab, begradigten Böschungen, deckten die verstrahlten Kippen ab. Schächte und Stollen wurden verfüllt und geflutet, viele Werksgebäude abgerissen. Doch immer wieder kommt es zu Überraschungen, so zur Jahreswende 2014/15 in Bad Schlema, als sich mitten im Ort ein großes Loch auftat – ein Einsturz von Untertageschächten.

Neuerdings erklingt im Erzgebirge wieder ›Bergkgeschrey‹, der 1991 eingestellte Bergbau soll wieder belebt werden. Die explodierenden Rohstoffpreise auf dem Weltmarkt haben moderne Schatzsucher angelockt, die nach Kupfer, Silber und Eisen suchen. Bei Zinn hat man eins der weltgrößten Vorkommen entdeckt, der erste Flussspat wurde bereits im Jahr 2012 gefördert.

Maschinenbau und Textilindustrie

Große wirtschaftliche Bedeutung besaßen der Maschinenbau und die Textilindustrie. Bereits 1791 wurde in Lößnitz die erste vollmechanisierte Spinnerei eröffnet, und 1818 ratterte in Zschopau der erste durch Pferdegöpel angetriebene Baumwollwebstuhl.

Der Textilindustrie folgte der Maschinenbau, der vor allem Textilmaschinen herstellte. In der ersten Hälfte des 19. Jahrhunderts war Sachsen das größte Industriegebiet Deutschlands. 38 Prozent aller deutschen Spinnereien und 32 Prozent aller deutschen Webereien arbeiteten hier. Das erste deutsche Erzeugnis, das auf einer Weltausstellung eine Goldmedaille erhielt, kam aus Chemnitz: Die gab es 1862 in Paris für eine Maschine zur Metallbearbeitung der Firma Zimmermann. Sachsen gilt als die Wiege des deutschen Maschinen- und Werkzeugmaschinenbaus. Nach dem Zweiten Weltkrieg waren die Startbedingungen in Sachsen wie auch in den anderen von der Sowjetunion besetzten Gebieten wesentlich ungünstiger als im Westen, wo der Marshallplan eine großartige Hilfe darstellte. Die Sowjets demontierten alle großen Industriebetriebe als Reparationsleistungen, selbst Eisenbahnschienen wurden abgebaut, weitere Reparationen in Milliardenhöhe flossen in den folgenden Jahren in Richtung Moskau. Dazu kam der Flüchtlingsstrom in Richtung Westen, viele gut ausgebildete Fachleute verließen das Land.

Nach der Wende ging es mit der Textilindustrie bergab, die meisten der vielen kleinen Unternehmen waren der westlichen Konkurrenz unterlegen und mussten schließen. Im Maschinenbau jedoch ging es wieder aufwärts. Ein Beweis dafür ist die Nachricht, die im Sommer 2010 durch die Medien ging: Die Radebeuler Planetawerke haben die bisher größte Druckmaschine der Welt hergestellt. Sie wiegt 220 Tonnen und wurde, in ihre Einzelteile zerlegt, nach Saudi-Arabien verschifft.

Autobau

Ein bedeutendes Kapitel der deutschen Automobil- und Motorradindustrie hat Sachsen mitgeschrieben. 1904 begannen Horch und 1909 Audi in Zwickau mit der Produktion. Wer in den 1930er Jahren etwas auf sich hielt, fuhr einen ›Horch‹. 1932 schlossen sich Audi, DKW, Horch und Wanderer zur Auto Union AG zusammen, zum damals zweitgrößten Automobilhersteller in Deutschland. Vor dem Zweiten Weltkrieg kam fast ein Viertel aller deutschen Autos aus Sachsen. Nach dem Zweiten Weltkrieg führte das Zwickauer Sachsenring-Werk die Tradition fort, das unter anderem den Trabant produzierte. Heute sind es Volkswagen in Zwickau, Chemnitz und Dresden sowie BMW und Porsche in Leipzig. In Zschopau waren die Motorrad-Werke nach 1925 weltgrößter Motorradproduzent. Zu DDR-Zeiten fuhren die legendären MZ-Maschinen aus Zschopau auf vielen Straßen der Welt. Nach der Einheit hatte die Treuhand aber offensichtlich keine glückliche Hand bei der Auswahl der Käufer. Nach unzähligen Managementfehlern und Produktirrtümern diverser Geschäftemacher kam 2013 das Aus für das Traditionsunternehmen. Nach fast neun Jahrzehnten verschwanden die Motorräder aus Zschopau vom Markt.

Kultstatus hatten in der DDR Diamant-Fahrräder. Der sächsische Fahrradhersteller wurde 1885 gegründet und gilt deshalb als ältester deutscher Fahrradproduzent. Zu seinem Ruhm hat wesentlich Gustav-Adolf (›Täve‹) Schur beigetragen, die Radsportlegende der DDR, der auf Diamant 1958 und 1959 Straßen-Weltmeister wurde. Jährlich haben die Fabrikhallen in Karl-Marx-Stadt (heute Chemnitz) bis zu 150 000 Fahrräder verlassen, gegenwärtig sind es am neuen Standort Hartmannsdorf fast ebensoviele, die Marken Trek und Villiger mitgerechnet.

Ein Wanderer W25 von 1936 im Industriemuseum Chemnitz

Mit Dampf durchs Land

Sachsen und die Eisenbahn – das gehört unweigerlich zusammen. Die erste funktionstüchtige in Deutschland produzierte Lokomotive, die Saxonia, hat ein Vogtländer gebaut, der in Wernesgrün geborene Johann Andreas Schubert (1808–1870). Als über die Elster und die Göltzsch Eisenbahnbrücken gebaut werden sollten, hatte Schubert im Auftrag der Sächsisch-Bayerischen Eisenbahngesellschaft die eingereichten Entwürfe zu begutachten. Keiner fand seine Zustimmung, für eine zweite Ausschreibung forderte er einen ›soliden Steinbau‹ und einen ›Etagenbau‹, um Reparaturen besser ausführen zu können. Doch zu dieser zweiten Ausschreibung kam es nicht, Schubert musste den Bau der beiden Brücken selbst ausführen. Eisenbahngeschichte geschrieben hat auch der Chemnitzer Unternehmer Richard Hartmann, der ›sächsische Lokomotivkönig‹. 1848 verließ die erste Dampflok sein Werk, insgesamt 4699 Lokomotiven rollten bis 1928 von Chemnitz aus hinaus auf die Gleise.

Einige kleine Schwestern der mächtigen Dampfrosse schnaufen noch in mancher Gegend Sachsens. Dampflokgezogene Schmalspurzüge zuckeln gemächlich durch Täler und Dörfer, die Fahrgäste können bequem die landschaftlichen Reize genießen. Sachsen besaß einst 30 Schmalspurstrecken mit der einheitlichen Spurweite von 750 Millimetern und einer Länge von 541 Kilometern. Das war das größte staatliche Schmalspurbahnnetz Deutschlands. Schmalspurstrecken waren schneller und billiger zu errichten als die mit Normalspur. Sie haben einen geringen Bogenradius und sind somit besser in das Gelände einzufügen, was oft half, kostenaufwendige Bauten wie Brücken und Tunnel zu vermeiden. Durch den Bau von Schmalspurbahnen erfolgte der wirtschaftliche Anschluss zahlreicher Randgebiete an die Zentren Sachsens.

Die Preßnitztalbahn

Spielzeugherstellung im Erzgebirge

Viele der Strecken wurden in den letzten Jahrzehnten stillgelegt, weil sie unrentabel geworden waren. Die Döllnitzbahn (Oschatz–Glossen) war die letzte Schmalspurbahn mit öffentlichem Güterverkehr in Sachsen, 2001 erst wurde er eingestellt. Heute verkehren hier nur noch Schülerzüge und an bestimmten Tagen dampfbespannte Sonderzüge. Sachsen kann sich jedoch rühmen, noch fünf Schmalspurstrecken mit fast 100 Kilometern Länge täglich in Betrieb zu haben. Ansonsten hat aber die Deutsche Bahn den Freistaat weitgehend vom modernen Verkehrsnetz abgekoppelt.

Kunsthandwerk

Viele Erzeugnisse aus Sachsen besitzen eine lange Tradition: Pyramiden, Nussknacker und Räuchermännchen aus dem Erzgebirge ebenso wie Meissner Porzellan. Das Erzgebirge ist mit dem Thüringer Wald eines der beiden historisch gewachsenen Spielzeugzentren im Osten Deutschlands. In dem 1796 herausgegebenen ›Handbuch für Reisende durch die Sächsischen Lande‹ ist zu lesen: »Gegenwärtig werden hier viele hölzerne Spielwaren gefertigt, die man bis nach Ost- und Westindien versendet.« Heute sind es überwiegend gedrechselte kunstgewerbliche Gegenstände, die die Werkstätten verlassen.

Porzellan

In Meißen produziert die älteste Porzellanmanufaktur Europas. August der Starke gründete sie 1710. Die Manufaktur besitzt an die 10 000 Farbrezepturen, die nicht veröffentlicht werden. Sie ist in der Lage, alle Stücke aus ihrem reichhaltigen Fundus zu reproduzieren. Das echte Meissener ist nach wie vor an dem Markenzeichen zu erkennen, den Blauen Schwertern. Die gegenwärtige Krise verschont aber auch das berühmte Porzellan nicht, Auftragseinbrüche wie noch nie sind zu verzeichnen. Im 300. Jahr ihres Bestehens hat die Manufaktur 180 Beschäftigten gekündigt, somit wurde fast jede vierte Stelle gestrichen. Neben Meissen hat sich auch die Sächsische Porzellan-Manufaktur Dresden über die Landesgrenzen hinweg einen guten Namen gemacht. Das 1872 in Freital bei Dresden gegründete Unternehmen überraschte überwiegend mit Formen des Spätbarocks und Rokokos. Auch in unseren Tagen werden die Vasen, Teller, Schalen, Figuren in Handarbeit ausgeformt, mit plastischen Blüten belegt und vielfältig bemalt. Das Zentrum der Glasherstellung war Weißwasser, an der Wende vom 19. zum 20. Jahrhundert gab es hier mehr als 40 Schmelzöfen. Heute sind in Weißwasser und Umgebung nicht einmal mehr eine Handvoll kleiner Unternehmen tätig.

Porzellanmalerin in Meißen

Musikinstrumente

Im Vogtland gibt es den Musikwinkel, zu dem etwa anderthalb Dutzend Ortschaften gehören wie Klingenthal, Markneukirchen oder Schöneck. Musikinstrumente von dort schätzen namhafte Solisten vieler Länder. Die Kunst des Geigenbaus brachten böhmische Einwanderer ins Vogtland. Zwölf von ihnen schlossen sich 1677 zur ›ehrbaren Zunft der Geigenmacher zu Neukirchen‹ zusammen. Der von der kurfürstlich-sächsischen Kanzlei zu Moritzburg bestätigte Artikelbrief gilt als die Geburtsstunde des vogtländischen Musikinstrumentenbaus. Die Vogtländer waren auf den Weltausstellungen in London 1851 und 1862, in Wien 1873 und in Philadelphia 1876 vertreten. Rund 20 Millionäre brachte der Musikinstrumenten-Exporthandel hervor, Markneukirchen war zu Beginn des 20. Jahrhundert eine reiche Stadt. Damals kam mehr als die Hälfte aller auf der Erde gehandelten Musikinstrumente aus dem vogtländischen Musikwinkel. Die USA erachteten Markneukirchen für so bedeutsam, dass ihr Konsulat in der Stadt von 1893 bis 1916 eine Zweigstelle unterhielt. Heute hat Markneukirchen nicht einmal mehr ein Postamt. Die goldenen Zeiten sind vorbei, geblieben aber ist das Können der Musikinstrumentenbauer, die wieder volle Auftragsbücher haben.

Plauener Spitzen

Die Erfindung der maschinengestickten Tüllspitze 1881 verhalf der Vogtlandstadt Plauen zu Weltruf. Wer seinerzeit etwas auf sich hielt, trug Spitze aus Plauen. Unter den Marken ›Dentelles de Saxe‹, ›Saxon Lace‹, ›Plauen Lace‹ oder ›Dentelles de Plauen‹ wurde dieses Erzeugnis auf den internationalen Märkten bekannt und konnte das Schweizer Marktmonopol brechen. Am 18. August 1900 erhielten Plauener Stickereifabrikanten den Grand Prix auf der Weltausstellung in Paris. Zu DDR-Zeiten wurde Plauener Spitze in über 40 Länder exportiert, 1989 produzierte man sie auf 1400 Stickmaschinen. Von 1963 bis 1989 wurde Plauener Spitze mit 33 Goldmedaillen der Leipziger Messe für ihr Design und technologische Meisterschaft ausgezeichnet. Heute hat die Spitze an Bedeutung verloren, dennoch sind in Plauen und Umgebung noch rund drei Dutzend überwiegend kleine Familienbetriebe tätig.

Spitze und Posamenten aus dem Erzgebirge

Die erzgebirgische Volkskunst ist eng mit dem Bergbau verbunden. Der Niedergang des Bergbaus vor 300 Jahren war es, der im mittleren Erzgebirge viele zwang, sich nach einem neuen Broterwerb umzuschauen. Neben dem Schnitzen und Drechseln gehörte dazu auch das Klöppeln. Erzgebirgische Handklöppelspitze lag bald in jedem guten Textilgeschäft vieler europäischer Länder. An der Wende vom 17. zum 18. Jahrhundert saßen zehntausende Frauen, Mädchen und Kinder, aber auch Männer am Klöppelsack. Die älteste Nachricht, die auf die Spitzenherstellung im Erzgebirge hindeutet, stammt aus dem Jahr 1550. In den Aufzeichnungen des Annaberger Chronisten Paulus Jenisius ist zu lesen: »Im

Jahre 1561 hat man begonnen, weißen, gedrehten Faden in phrygischer Arbeit in verschiedene Formen zu bringen, was, soweit es zu mäßigem Schmuck verarbeitet wird, keinesfalls getadelt werden kann, besonders da der Bergwerksertrag sich rasch erschöpft hat.« Heute lässt man die Klöppel nur noch aus Freude tanzen.

Zum Erzgebirge gehören ferner die Posamenten. Unter dem Begriff Posamenten werden Borten, Quasten, Litzen und Fransen zusammengefasst, die seit Jahrhunderten vor allem als modisches Beiwerk für die Kleidung unentbehrlich sind. Wann die ersten im Erzgebirge gefertigt wurden, verzeichnet keine Chronik. Es dürfte aber vor 1525 gewesen sein, denn in jenem Jahr malte Hans Hesse für den Annaberger Bergaltar ein Bild, auf dem ein mit zweifarbiger Borte besetzter Mantel zu sehen ist. Um 1870 war Annaberg einer der Posamentenhandelsplätze der Welt, es gab mehr als 100 Manufakturen, die die begehrten Artikel bis in die USA verkauften. Sie richteten in Annaberg von 1879 bis 1908 sogar ein eigenes Konsulat ein, Firmen aus Annaberg und Buchholz hatten Vertretungen in Paris, London und Mailand. Heute werden die feinen Textilerzeugnisse noch von einigen kleinen Unternehmen produziert.

Kunstblumen

Den Weltmarkt eroberten ab Mitte des 19. Jahrhunderts Kunstblumen aus Sebnitz. Auch zu DDR-Zeiten wurden sie in alle Welt exportiert, nach der Einheit Deutschlands machte ihnen die billige Konkurrenz aus Südostasien zu schaffen. Die Herstellung von künstlichen Blumen begann in Sebnitz und Umgebung ab 1834, Blumenmacher aus dem benachbarten Böhmen hatten die Produktion begründet. Um 1900 gab es hier über 200 Betriebe, die Kunstblumen oder Blumenbestandteile herstellten. 1907 kamen drei Viertel aller aus Deutschland exportierten Kunstblumen aus Sebnitz, Hauptabnehmer waren die USA und Großbritannien.

Zu DDR-Zeiten waren in Sebnitz etwa 3000 Blümlerinnen tätig, wie die Kunstblumenherstellerinnen genannt werden, jetzt sind es gerade mal noch ein Dutzend. Zu den textilen Erzeugnissen mit Tradition zählt auch der Blaudruck. In Pulsnitz arbeitet die älteste Blaudruckwerkstatt Sachsens noch mit Model (Druckstöcken) aus dem 19. Jahrhundert.

Töpferwaren

Tradition besitzt in Sachsen ebenfalls die Töpferei. In Frohburg, Kohren-Sahlis, Waldenburg, Pulsnitz, Neukirch und anderen Orten rotieren in unseren Tagen wie vor Jahrhunderten die Töpferscheiben. In Kohren-Sahlis wurde 1656 die erste Töpferinnung gegründet, seine Blütezeit erlebte hier das Töpferhandwerk im 18. und Anfang des 19. Jahrhunderts. 1809 gab es 14 Meister, die 40 Gesellen und 17 Lehrlinge beschäftigten. In der Oberlausitz ist die Töpferei heute mit etwa 30 Betrieben vertreten, eine von ihnen, die Töpferei Jürgel in Pulsnitz, wurde bereits im 14. Jahrhundert in den Chroniken der Stadt erwähnt. Ein Jürgel übernahm 1828 die Werkstatt, seitdem wird sie in der sechsten Generation geführt.

Das ›Weiße Gold‹

Weltweit ist Meissener Porzellan begehrt. Bis heute haben die zeitlosen Meisterwerke nichts von ihrer Strahlkraft eingebüßt, auch wenn gegenwärtig ein scharfer Wind durch das Unternehmen weht. Die Zeiten haben sich gewandelt, man lädt nicht mehr zu großen Feierlichkeiten nach Hause ein, bei denen mit dem Meissener geprotzt wird. Meissener wird in Vitrinen gestellt und als Einzelstück verschenkt, das führt zu weniger Verkäufen.

Die Geschichte des ›weißen Goldes‹ begann in Sachsen vor mehr als 300 Jahren. In den Katakomben der Dresdner Jungfernbastei war es dem Apothekergehilfen Johann Friedrich Böttger gemeinsam mit dem Naturwissenschaftler Ehrenfried Walther von Tschirnhaus gelungen, das weiße europäische Hartporzellan herzustellen. Am 23. Januar 1710 verkündete August der Starke die Erfindung des europäischen Porzellans und die Gründung einer Porzellanmanufaktur. Seit 1722 sind die gekreuzten ›Blauen Schwerter‹ das Markenzeichen. Etwa 200 000 Modelle und Arbeitsformen aus der gesamten Schaffensperiode bewahrt das Unternehmen auf, das Zwiebelmuster, das erfolgreichste Dekor, gehört seit mehr als 250 Jahren ununterbrochen zum Produktionsprogramm, 740 verschiedene Artikel gibt es mittlerweile davon. Als einziges Unternehmen seiner Art leistet sich die Manufaktur ein eigenes Bergwerk, das kleinste Deutschlands. Im zwölf Kilometer entfernten Seilitz fördern zwei Bergleute das für die Porzellanherstellung so wichtige Kaolin. Die 10 000 verschiedenen feuerfesten Farben werden im eigenen Labor gemischt, die Rezepturen wie ein Staatsschatz gehütet. Doch das wichtigste in der Manufaktur ist die menschliche Hand: Meissener Porzellan entsteht in Handarbeit.

Aufmerksame Leser werden sich über die unterschiedliche Schreibweise wundern, mal ›Meißen‹ und ein andermal ›Meissen‹. Die Erklärung ist einfach: Der Name der Manufaktur wird mit Doppel-ss geschrieben (Meissener Porzellan), die Stadt Meißen dagegen schreibt sich mit ›ß‹. Beide gehören aber untrennbar zusammen. Ohne die Meissener Manufaktur würde wohl kaum einer in der Welt die Stadt Meißen kennen.

Meissener Porzellan wird in Handarbeit erschaffen

Tourismus

Als Wirtschaftsfaktor hat der Tourismus seit der Einheit an Bedeutung gewonnen. Mehr als sechs Millionen Gäste kommen jedes Jahr in den Freistaat. Sachsen wurde Kulturreiseland Nr. 1 in Deutschland. Kunst hat in Sachsen spätestens seit der Regierungszeit von August dem Starken einen besonderen Stellenwert. Die Wettiner haben unermessliche Kunstschätze zusammengetragen, die so umfangreich waren, dass man eigene Museen einrichtete. Weltbekannt sind die Gemäldegalerie Alte Meister im Dresdner Semperbau und das Residenzschloss mit dem Grünen Gewölbe.

Musikfreunde ziehen die großen Namen an, mit denen Sachsens Musikgeschichte verbunden ist, das sind Johann Sebastian Bach, Robert Schumann, Richard Wagner, das sind der Dresdner Kreuzchor und der Leipziger Thomanerchor, das Gewandhausorchester in Leipzig, die Sächsische Staatskapelle in Dresden und die Semperoper. Aber auch die rund 100 Schlösser, Burgen und Gärten aller Epochen haben Sachsen zu einer der reichsten und vielfältigsten Kulturlandschaften Europas gemacht. Rund 50 dieser Anlagen gehören dem Freistaat.

Aber nicht nur Kultur- und Studienreisen nach Dresden und Leipzig stehen hoch im Kurs, immer mehr Touristen entscheiden sich für Wandern in der Sächsischen Schweiz und im Erzgebirge oder für Radfahren entlang der Elbe. Der Bergbau spielte in Sachsen Jahrhunderte eine dominante Rolle, nirgendwo anders stehen Denkmale der Bergbaugeschichte in solcher Dichte beieinander wie im Erzgebirge. Das Durchschnittsalter der Sachsenreisenden liegt bei 51 Jahren, damit ist es um etwa vier Jahre höher als in Deutschland insgesamt.

Die Sächsische Staatskapelle Dresden

Landwirtschaft

Die Landwirtschaft betreibt man in Sachsen seit jeher intensiv. Mehr als die Hälfte der Landesfläche wurde in den letzten DDR-Jahren agrarisch genutzt, daran hat sich bis heute nichts geändert. Der überwiegend größte Teil dieser Flächen liegt in der Oberlausitz, in Mittelsachsen und in der Leipziger Tieflandsbucht. Angebaut werden vorwiegend Getreide und Raps. Eine lange Tradition besitzt der Weinbau im Elbtal zwischen Pirna und dem Raum Meißen. Die erste urkundliche Erwähnung erfolgte bereits im Jahr 1161. Die Rebfläche ist besonders stark nach der Einheit gewachsen, charakteristisch sind die Steil- und Terrassenlagen im Elbtal. Etwa zwei Drittel der Gesamterlöse der Landwirtschaft stammen aus der Tierhaltung. In Sachsens Ställen stehen vor allem Rinder, aber auch Schweine, Schafe und Legehennen werden gehalten.

Schon seit dem Mittelalter ist die Karpfenzucht in Sachsen verbürgt. Mönche haben Teiche angelegt, um nahrhafte Speisen in ihrer Nähe zu haben. Einen wahren Boom erlebte die Karpfenzucht im 15. und 16. Jahrhundert, als die Wettiner sich für Karpfen begeisterten. Kurfürst Moritz, der den Grundstein für Schloss Moritzburg legte, ließ Karpfen in seine Teiche setzen, und von August dem Starken ist überliefert, dass er Karpfen in Honigsauce liebte. Heute tummeln sich Karpfen in Teichen auf mehr als 8000 Hektar Fläche.

Geschichte

Die vor mehr als 1000 Jahren gegründete Albrechtsburg in Meißen gilt als die Wiege Sachsens, das rund 800 Jahre von dem Geschlecht der Wettiner regiert wurde. Der Bergbau sorgte im Mittelalter für einen Aufschwung von Handel und Handwerk und machte Sachsen zu einem der reichsten deutschen Länder. Nach dem Dreißigjährigen Krieg gab es einen Niedergang, einen erneuten wirtschaftlichen und kulturellen Aufschwung erlebte das Land unter August dem Starken und danach unter seinem Sohn August III. Von 1952 bis zum DDR-Ende war Sachsen von den Landkarten verschwunden, man hatte es in die Bezirke Dresden, Leipzig und Chemnitz aufgegliedert. 1990 erfolgte eine Neugründung.

Frühzeit und Mittelalter

Eroberungszüge führten ab dem 5. Jahrhundert vor Christus einen großen Stammesverband der Germanen von der Nordseeküste ins heutige Niedersachsen. Ihre Hauptwaffe war ein einschneidiges, kurzes Hiebschwert, Sax genannt. Der Waffenname gab dem Stamm den Namen, das behauptet zumindest eine Überlieferung aus dem 9. Jahrhundert. Die Saxones zogen weiter ins Land zwischen der mittleren Elbe und der Saale. Dort muss es ihnen gefallen haben, denn sie blieben, und aus den Saxones wurden die Sachsen. Bei kriegerischen Auseinandersetzungen wählten sie einen aus ihrer Mitte, der ›vor ihrem Heer zog‹,

Das Wappen der Wettiner

das war der Herzog. Um 600 begann die Besiedlung des Landes durch die slawischen Sorben, die aus dem Gebiet des heutigen Polen und Tschechien kamen. 929 ließ König Heinrich I. inmitten der slawischen Region die Burg Meißen bauen, um die beginnende deutsche Besiedlung zu sichern. Die Burg entwickelte sich zum Zentrum der Markgrafschaft Meißen und Kern der wettinischen Besitzungen. Seit 968 saß hier ein dem Erzbistum Magdeburg unterstellter Bischof, der die Sorben des Landes zu missionieren und die deutsche Herrschaft zu sichern hatte.

1089 wurde Heinrich I., Graf von Eilenburg aus dem Hause Wettin, mit der Mark Meißen belehnt. Die Adelsdynastie der Wettiner nannte sich nach der Burg Wettin an der Saale. Fast 800 Jahre wurde Sachsen von den Wettinern regiert, die somit länger als jede andere deutsche Dynastie an der Macht waren. 1127 bekam Konrad von Wettin vom König bestätigt, die Markgrafschaft Meißen dürfe vererbt werden. 1168 setzte mit dem Silberbergbau in Freiberg das ›Bergkgeschrey‹ ein, unter Markgraf Otto dem Reichen erlebte das Land seine erste wirtschaftliche Blüte. Viele neue Dörfer und Städte entstanden.

1346 schlossen sich die Städte Kamenz, Bautzen, Görlitz, Löbau, Zittau und Lauban (heute Luban, Republik Polen) zum Sechsstädtebund zusammen, um gemeinsam die Handelswege vor räuberischen Rittern zu schützen und die politische Macht gegenüber dem Adel auszubauen. 1355 sanktionierte Karl IV. diesen Bund, dessen Ende gekommen war, als Görlitz und Lauban 1815 an Preußen fielen. 1409 wurde die Universität in Leipzig gegründet, die somit zu den ältesten Europas gehört. 1423 erwarb Markgraf Friedrich der Streitbare das bisher askanische Herzogtum Sachsen-Wittenberg und die Kurwürde, von da an wurden alle Besitzungen mit dem Namen Kursachsen bezeichnet. Der 1459 in Eger unterzeichnete Vertrag bestimmte den Erzgebirgskamm als böhmisch-sächsische Grenze. 1481 druckte Marcus Brandis in Leipzig das erste Buch und begründete damit den Ruf Leipzigs als Stadt des Buches.

1485 teilte man das Haus Wettin in zwei Linien: Die ernestinische erhielt das Gebiet Wittenberg mit Torgau und Gräfenhainichen sowie Thüringen, das Leipziger Gebiet und das nördliche Thüringen. Den Albertinern fiel der südöstliche Teil des Besitztums zu. Sie wählten Dresden als ihre Residenz. 1491 kam es im oberen Erzgebirge zu großen Silberfunden und dadurch zu einem Zuzug tausender von Menschen. Nachdem Kaiser Maximilian I. Leipzig 1497 das Messeprivileg und 1507 das Stapelrecht verliehen hatte, stieg Leipzig zur führenden Messe- und Handelsstadt Mitteldeutschlands auf.

Regierungszeiten der wettinischen Herrscher

1123–1156 Konrad, Markgraf von Meißen (um 1098–1157)
1156–1190 Otto (der Reiche), Markgraf von Meißen (1125–1190)
1190–1195 Albrecht (der Stolze), Markgraf von Meißen (1158–1195)
1197–1221 Dietrich (der Bedrängte), Markgraf von Meißen (1162–1221)
1221–1288 Heinrich (der Erlauchte), Markgraf von Meißen (1215/16–1288)
1288–1307 Albrecht II. (der Entartete), Markgraf von Meißen (1240–1315)
1307–1323 Friedrich (der Gebissene oder der Freidige),
Markgraf von Meißen (1257–1323)
1324–1349 Friedrich II. (der Ernsthafte), Markgraf von Meißen (1310–1349)
1349–1381 Friedrich III. (der Strenge), Markgraf von Meißen (1332–1381)
1381–1428 Friedrich (der Streitbare), Markgraf von Meißen, Herzog und Kurfürst von Sachsen seit 1423 (1370–1428)
1428–1464 Friedrich II. (der Sanftmütige), Kurfürst von Sachsen (1412–1464)
1464–1486 Ernst, Kurfürst von Sachsen (1441–1486)
1486–1500 Albrecht (der Beherzte), Herzog zu Sachsen und Markgraf von Meißen (1443–1500)
1500–1539 Georg (der Bärtige), Herzog von Sachsen (1471–1539)
1539–1541 Heinrich (der Fromme), Herzog, von Sachsen (1473–1541)
1541–1553 Moritz, Herzog von Sachsen, ab 1547 Kurfürst von Sachsen (1521–1553)
1553–1586 August, Kurfürst von Sachsen (1526–1586)
1586–1591 Christian I., Kurfürst von Sachsen (1560–1591)
1591–1611 Christian II., Kurfürst von Sachsen (1583–1611)
1611–1656 Johann Georg I., Kurfürst von Sachsen (1585–1656)
1656–1680 Johann Georg II., Kurfürst von Sachsen (1613–1680)
1680–1691 Johann Georg III., Kurfürst von Sachsen (1647–1691)
1691–1694 Johann Georg IV., Kurfürst von Sachsen (1668–1694)
1694–1733 Friedrich August I. (der Starke), Kurfürst von Sachsen, als König von Polen seit 1697 August II. (1670–1733)
1733–1763 Friedrich August II. (der Dicke), Kurfürst von Sachsen, als König von Polen seit 1733 August III. (1696–1763)
1763 Friedrich Christian, Kurfürst von Sachsen (1722–1763)
1763–1827 Friedrich August III. (der Gerechte), Kurfürst von Sachsen, als König von Sachsen seit 1806 Friedrich August I. (1750–1827)
1827–1836 Anton (der Gütige), König von Sachsen (1755–1836)
1836–1854 Friedrich August II., König von Sachsen (1797–1854)
1854–1873 Johann, König von Sachsen (1801–1873)
1873–1902 Albert, König von Sachsen (1828–1902)
1902–1904 Georg, König von Sachsen (1832–1904)
1904–1918 Friedrich August III., König von Sachsen (1865–1932)

Die in Klammern angegebenen Zahlen sind die Lebensdaten der Herrscher.

Von der Reformation bis zur Reichsgründung

Martin Luther, der 1517 mit dem Anschlag seiner 95 Thesen an die Schlosskirche in Wittenberg (damals zu Sachsen gehörend) die Reformation auslöste, traf sich im Sommer 1519 in Leipzig zu dem später berühmt gewordenen Streitgespräch mit dem Ingolstädter Theologieprofessor Johannes Eck. Mit einem feierlichen Gottesdienst in der Dresdner Kreuzkirche wurde 1539 die Reformation im albertinischen Sachsen eingeführt.

1553 kam August auf den Thron, der als Kurfürst Sachsen zu beachtlicher wirtschaftlicher Blüte führt. 1635 erhielt Kursachsen durch den Prager Frieden die Ober- und die Niederlausitz zugesprochen, nach dem Westfälischen Frieden 1648 verlor Sachsen zunehmend an politischer Bedeutung im Reich. Am 1. Juli 1650 konnte man in Leipzig die erste Tageszeitung der Welt lesen, die ohne Unterbrechung bis 1921 erschien.

1694 begann die Regierungszeit von Friedrich August I. (der Starke), 1697 erlangte er durch Vermittlung seines persönliches Freundes Kaiser Joseph von Österreich die polnische Königskrone, die er als Ergebnis des Nordischen Krieges 1706 verlor, in deren Besitz er sich aber 1709 wieder brachte. Sein Sohn und Nachfolger, Kurfürst Friedrich August II., der 1733 auf den Thron stieg, erwarb mit Unterstützung Russlands und Österreichs gleichfalls die polnische Königskrone. 1754 traf Raffaels Bild ›Sixtinische Madonna‹ in Dresden ein und wurde rasch die Attraktion der Gemäldegalerie. 1756 begann Friedrich II., der Alte Fritz, wie er in Preußen genannt wurde, mit seinem Einmarsch in Sachsen einen Krieg, der als Siebenjähriger Krieg in die Geschichte einging.

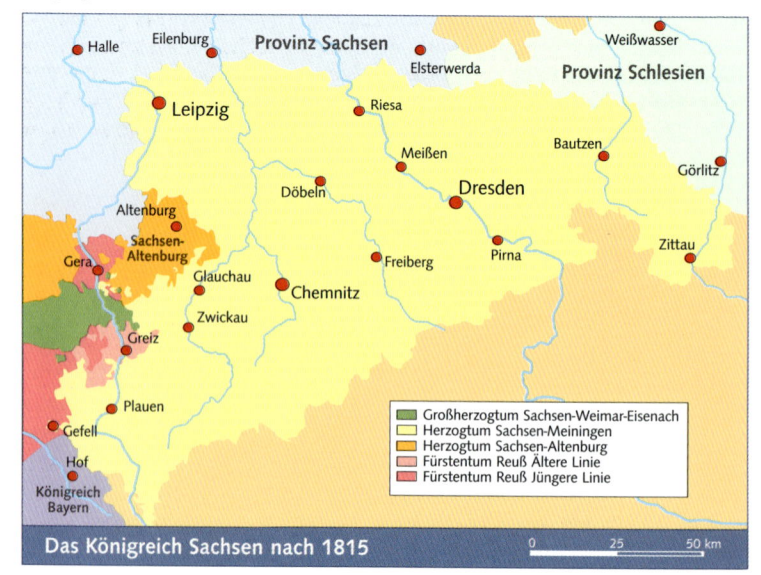

Das Königreich Sachsen nach 1815

1805 wurde die allgemeine Schulpflicht eingeführt. Nach der Niederlage Preußens gegen Napoleon schloss Sachsen mit Frankreich 1806 den Frieden von Posen und wurde Königreich von Napoleons Gnaden. 1811 erhellen die ersten Gaslaternen in Europa die Fischergasse in Freiberg, nachdem die erste Gasanstalt auf dem europäischen Festland entstanden war.

In der Völkerschlacht bei Leipzig 1813, der ersten Massenschlacht der Neuzeit, standen die Sachsen mit ihren grün-weißen Fahnen auf der falschen Seite, sie kämpften mit Kaiser Napoleon Bonaparte und verloren, was sie als Strafe rund die Hälfte ihres Territoriums kostete. Auf dem Wiener Kongress 1815, an dem ihr König Friedrich August I. nicht teilnehmen durfte, mussten die östliche Oberlausitz, die Niederlausitz, die Gebiete um Wittenberg, Torgau, Merseburg, Naumburg und Nordthüringen abgetreten werden. Von da an war Sachsen das kleinste Königreich in Deutschland.

1826 begann die Firma Brockhaus in Leipzig mit der industriellen Herstellung von Büchern, 1828 gründete Anton Philipp Reclam in Leipzig die erste Leihbibliothek, später einen Verlag. Die revolutionären Unruhen im September 1830 und im April 1831 führten zur konstitutionellen Monarchie und dem Erlass einer Verfassung. 1838 baute der Vogtländer Johann Andreas Schubert in der ›1. Maschinenbauanstalt Dresden-Übigau‹ die berühmte ›Saxonia‹-Lokomotive, die 1839 auf der ersten deutschen Eisenbahnfernverbindung von Leipzig nach Dresden fuhr. Am Dresdner Maiaufstand 1849 beteiligten sich Richard Wagner und Gottfried Semper, beide mussten nach dessen Niederschlagung die Stadt verlassen.

Die frühe Industrialisierung brachte Sachsen Wohlstand, aber auch soziale Spannungen. 1863 gründete Ferdinand Lassalle in Leipzig den Allgemeinen Deutschen Arbeiterverein. 1871 riefen die deutschen Fürsten im Spiegelsaal von Versailles den preußischen König Wilhelm zum deutschen Kaiser aus, Sachsen als fünftgrößter Staat ging im Kaiserreich auf. Die deutsche Mark wurde 1873 eingeführt, die Landeswährungen abgeschafft. Münzeinheit und das metrische System vereinheitlichten Handel und Gewerbe in Deutschland. Die Leipziger Warenmesse fand 1895 erstmals als Mustermesse statt.

Das 20. und 21. Jahrhundert

1903, bei den ersten Reichstagswahlen nach der Jahrhundertwende, gewannen die Sozialdemokraten 22 von 23 sächsischen Wahlkreisen. Von da an wurde vom ›roten Königreich‹ gesprochen. Am 13. Oktober 1912 trafen sich 60 Delegierte aus 31 Vereinen in Hoyerswerda und gründeten die Domowina, den politisch unabhängigen Dachverband der Sorben. Der Name Domowina (Heimat) stammt vom Mitbegründer, dem Pfarrer Gotthold Schwela.

1918, am Ende des Ersten Weltkrieges, hatte Sachsen 210 000 Tote und etwa 20 000 vermisste Soldaten zu beklagen. Am 10. November 1918 erfolgte die Ausrufung der Republik, die Sachsen schickten ihren ›Geenich‹ Friedrich August III. ins Exil. Der dankte am 13. November ab, angeblich mit den Worten: ›Na, da machd Eiern Dregg alleene!‹ Am 25. Februar 1919 traten die sächsischen Abgeordneten als ›Volkskammer‹ zusammen und proklamierten Sachsen als Freistaat. 1920 gab sich Sachsen eine demokratische Verfassung. Im Landtag war die SPD die führende Kraft, die bis 1929 den Ministerpräsidenten stellte, danach regierten bis 1933 Kabinette konservativer Parteien.

Bei den Reichstagswahlen 1933 erhielten die Nationalsozialisten 45 Prozent der Stimmen, sie setzten den Ministerpräsidenten ab und einen Reichskommissar ein. Sachsen wurde gleichgeschaltet, die Verfolgung politischer Gegner und Juden begann. 1937 verboten die Nationalsozialisten den Dachverband der Sorben, Domowina, sorbisch zu sprechen war verboten. Im Zweiten Weltkrieg richteten anglo-amerikanische Bombenangriffe in Dresden, Chemnitz, Plauen und Leipzig schwere Zerstörungen an. Leipzig

Das zerstörte Dresdner Schloss 1945

erlebte den schwersten Bombenangriff 1943, Dresden im Februar 1945. »Wer das Weinen verlernt hat, der lernt es wieder beim Untergang Dresdens«, notierte der greise Schriftsteller Gerhart Hauptmann, der von den Loschwitzer Höhen in Dresden die Luftangriffe erlebte. Im April 1945 trafen sich Vorauskommandos amerikanischer und sowjetischer Truppen an der Elbe südlich von Torgau. Die Amerikaner zogen sich bis zum Juli aus großen Gebieten Sachsens zurück und übergaben sie, wie auf der Konferenz von Jalta beschlossen, der Sowjetunion. Im Ergebnis des Krieges wurden die 1815 abgetrennten Gebiete um Görlitz und Hoyerswerda wieder Sachsen angegliedert.

Nach der Bodenreform im Herbst 1945 entstanden 20 000 neue Bauernwirtschaften, das enteignete Land erhielten Landarbeiter, Kleinbauern und Vertriebene aus den ehemaligen deutschen Ostgebieten. Am 30. Juni 1946 waren die Sachsen zu einem Volksentscheid aufgerufen. 77,8 Prozent von ihnen sprachen sich für eine entschädigungslose Enteignung von Nazi- und Kriegsverbrechern aus.

Am 13. Oktober 1948 überbot der Bergmann Adolf Hennecke im Zwickau-Oelsnitzer-Steinkohlenrevier in einer vorbereiteten propagandistischen Aktion die Norm um 387 Prozent. Von vielen seiner Kumpels wurde er als ›Arbeiterverräter‹ beschimpft, weil seine Leistung im normalen Arbeitsbetrieb nicht zu erreichen war. Hennecke, später Volkskammerabgeordneter und Mitglied des Zentralkomitees der SED, war fortan der ›Pionier‹ der Aktivistenbewegung in der DDR. 1949 wurde Sachsen ein Land der am 7. Oktober gegründeten DDR. 1952 beschloss der Landtag auf der Grundlage einer Volkskammerverfügung in einer nur 80 Minuten dauernden Sitzung, Sachsen aufzulösen, es wurde in die Bezirke Leipzig, Chemnitz und Dresden gegliedert. 1953 erhielt Chemnitz den Namen Karl-Marx-Stadt. Aus Protest gegen verordnete Leistungs- und Preiserhöhungen kam es im Juni 1953 auch in Industriegebieten Sachsens zu Streiks und Demonstrationen, Görlitz und Niesky waren die Zentren. 1954 erlebte Sachsen die größten Überschwemmungen seit Jahrhunderten, so stand auf dem Zwickauer Hauptmarkt das Wasser 2,10 Meter hoch, nachdem am 10. Juli ein Muldendamm gebrochen war. Die Förderung von Steinkohle im Zwickau-Oelsnitzer-Revier endete am 30. Oktober 1977. Am 26. August 1978 startete der Sachse Sigmund Jähn als erster Deutscher an Bord der sowjetischen Raumstation Salut 6 zu einem Flug ins Weltall.

Am 25. September 1989 fand in Leipzig die erste Montagsdemonstration mit mehreren tausend Teilnehmern statt. In Dresden wurden vom 4. bis 8. Oktober bei Auseinandersetzungen zwischen ausreisewilligen Demonstranten und Sicherheitskräften über 1300 Personen festgenommen. Am 9. Oktober wurde der Aufruf der ›Sechs von Leipzig‹, darunter der Dirigent Kurt Masur, zu friedlichen Veränderungen veröffentlicht. Bei der Demonstration am gleichen Tag zog die Staatsmacht die bereitstehenden Einsatzkräfte zurück. Es erschallte der Ruf ›Wir sind das Volk!‹ Auf den folgenden Montagsdemonstrationen in Leipzig, an denen bis zu 300 000 Menschen teilnahmen, häuften sich die Forderungen nach der Einheit Deutschlands.

Am 18. März 1990 fanden die ersten freien Wahlen in der 40-jährigen Geschichte der DDR statt, am 3. Oktober trat die DDR der Bundesrepublik Deutschland bei, der Freistaat Sachsen entstand wieder mit Dresden als Landeshauptstadt. Die Landtagswahl im Oktober 1990 brachte folgendes Ergebnis: CDU 92, SPD 32, PDS (heute Die Linke) 17, Neues Forum 10, FDP 9 Sitze. Am 6. Juni 1992 trat die neue sächsische Verfassung in Kraft. Nach den Landtagswahlen am 11. September 1994 sah die Sitzverteilung im verkleinerten Landtag so aus: CDU 77, SPD 22, PDS 21. Kurt Biedenkopf wurde erneut Regierungschef. Im April 1996 eröffnete der Bundespräsident das neue supermoderne Messegelände in Leipzig. Die Landtagswahlen am 19. September 1999 bestätigten die CDU-Alleinregierung unter Kurt Biedenkopf, denn die CDU konnte 76 Sitze erringen, die SPD 14 und die PDS 30. Am 16. Januar 2002 erklärte Kurt Biedenkopf seinen Rücktritt als Ministerpräsident zum 18. April, am gleichen Tag wurde Georg Milbradt (CDU) zum Ministerpräsidenten gewählt.

Messehostessen in Leipzig 1973

Demonstration in Plauen im Herbst 1989

Im August 2002 waren weite Teile des Freistaates Sachsen von einer Hochwasserkatastrophe bisher nicht gekannten Ausmaßes betroffen. Am 17. August betrug der Höchststand der Elbe 9,40 Meter, normal ist ein Pegelstand von 1,26 Meter. 30 000 Gebäude vernichtete oder beschädigte das Wasser, 750 Kilometer Straße, 540 Kilometer Bahngleise und 180 Brücken zerstörte es, 20 Menschen verloren ihr Leben. Durch eine beachtenswerte Welle der Unterstützung und Hilfsbereitschaft aus ganz Deutschland konnten weitere Schäden vermieden werden und der Wiederaufbau erfolgen.

Die UNESCO nahm 2004 das Dresdner Elbtal zwischen Söbrigen bei Pillnitz im Südosten und Übigau im Westen sowie den Muskauer Park in die Welterbeliste auf, 2009 erfolgte die Streichung des Elbtals wegen des Baus der umstrittenen Waldschlösschenbrücke in Dresden. Bei den Landtagswahlen am 19. September 2004 verlor die CDU erstmals ihre absolute Mehrheit. Es kam zur Koalition mit der SPD, erstmals zog die NPD in den Landtag ein. Die Sitzverteilung: CDU 55, PDS 31, SPD 13, NPD 12, FDP 7, Grüne 6. Georg Milbradt wurde im Amt des Ministerpräsidenten bestätigt. Am 14. April 2008 kündigte Georg Milbradt die Übergabe seiner Ämter als Regierungschef und Parteivorsitzender der sächsischen CDU an, die Stanislaw Tillich übernahm. Die Landtagswahlen am 31. August 2014 führten zu folgender Sitzverteilung: CDU 59, Die Linke 27, SPD 18, AfD 14 und Grüne 8. Es kam zur Koalition aus CDU und SPD, Stanislaw Tillich (CDU) wurde erneut zum Ministerpräsident gewählt. Im August 2010 ließen starker Regen und der Bruch eines Staudamms in Polen die Neiße und weitere kleine Flüsse gewaltig anschwellen, im Südosten Sachsens wurde Katastrophenalarm ausgelöst.

Ende 2014 und weiter 2015 versammelten sich in Dresden Tausende von Anhängern der islam- und asylkritischen Pegida-Gruppierung. In Dresden und anderen Städten kommt es zu stark besuchten Gegendemonstrationen.

Kunst und Kultur

Die Kunst- und Kulturlandschaft des Freistaates ist einzigartig. Kein anderes Bundesland kann mit einer solchen Fülle an Konzerthäusern und Bühnen aufwarten. Der wirtschaftliche und kulturelle Reichtum der Vergangenheit ist besonders an vielen historischen Stadtkernen sichtbar, beispielsweise in Bautzen, Freiberg und Görlitz, Meißen und Pirna. Dafür stehen aber auch die großen spätgotischen Hallenkirchen wie in Annaberg, Schwarzenberg oder Görlitz, die vor allem ab Ende des 15. Jahrhunderts errichtet wurden. Vielfältig sind ebenfalls die Zeugnisse ländlicher Bauweise, unter denen die Umgebindehäuser in der Oberlausitz herausragen.

Musik und Theater

Sachsen ist ein Mekka der Musik. In Sachsen komponierte Heinrich Schütz mit ›Daphne‹ die erste deutsche Oper, weitere von Richard Wagner und Carl Maria von Weber folgten. Johann Sebastian Bach hatte in Leipzig seine schaffensreichsten Jahre, in den 27 Jahren seiner Tätigkeit an der Thomaskirche brachte er hunderte von Kantaten, Motetten und die Johannespassion zu Papier. Musikgeschichte geschrieben haben in Sachsen ebenfalls Felix Mendelssohn Bartholdy und Robert Schumann.

Fast 800 Jahre singen die berühmten Knabenchöre, die Kruzianer in der Dresdner Kreuzkirche und die Thomaner in der Leipziger Thomaskirche. Der Kreuzchor gehört zur Identität von Dresden, er ist eine Institution. Ähnlich verhält es sich mit dem Thomanerchor in Leipzig, dem berühmte Kantoren wie Johann Sebastian Bach, Johannes Kuhnau und Johann Adam Hiller zu Weltruhm verhalfen. Weltruf besitzen auch die Dresdner Philharmonie sowie

Boris-Godunow-Inszenierung in der Semperoper Dresden

Der Thomanerchor Leipzig

die 1550 gegründete Sächsische Staatskapelle, die seit etwa 300 Jahren auch in der Sächsischen Staatsoper Dresden, der berühmten Semperoper, spielt. Die Semperoper zählt wiederum zu den führenden Theatern der Welt. Nach den schweren Zerstörungen im Zweiten Weltkrieg wurde sie 1985 mit Webers ›Freischütz‹ wiedereröffnet. Zu den europäischen Spitzenorchestern gehört das Leipziger Gewandhausorchester, das älteste bürgerliche Konzertorchester der Welt. Robert Schumann wird in seiner Geburtsstadt Zwickau geehrt, aber auch in Leipzig, wo er viele Jahre tätig war. Johann Sebastian Bach und Felix Mendelssohn Bartholdy kann man ebenfalls in Leipzig besuchen. Bachs Denkmal steht vor der Thomaskirche, in der sich sein Grab befindet, nur wenige Schritte davon entfernt lädt das Bachmuseum ein. Die ehemaligen Wohnräume von Mendelssohn Bartholdy in der Goldschmidtstraße wurden zum Museum, sein Denkmal steht am Ring nahe der Thomaskirche.

Die Sächsin Friederike Caroline Neuber erneuerte mit ihrer Truppe im 18. Jahrhundert das Theater in den deutschen Ländern, ›Mutter des deutschen Schauspiels‹ wird sie genannt. Der Sachse Gotthold Ephraim Lessing schrieb die Erfolgsstücke ›Emilia Galotti‹, ›Nathan der Weise‹ und ›Minna von Barnhelm‹, Heinrich von Kleist hat in Dresden das ›Käthchen von Heilbronn‹ und die Meisternovelle ›Michael Kohlhaas‹ verfasst. »Ich bin ein Deutscher aus Dresden in Sachsen«, bekannte Erich Kästner in seinem Buch ›Als ich ein kleiner Junge war‹. Kästner, von den Nationalsozialisten mit Schreibverbot belegt, wuchs in der Dresdner Neustadt auf. Erich Loest, im sächsischen Mittweida geboren, vom DDR-Regime in Bautzen eingesperrt, bekam 1996 von seiner Heimatstadt

Leipzig die Ehrenbürgerschaft verliehen. Der erfolgreichste sächsische Autor ist jedoch Karl May. Der Erfinder von Old Shatterhand und Winnetou wurde in Hohenstein-Ernstthal geboren, jahrelang lebte und arbeitete er in Radebeul bei Dresden, wo er auch verstarb. Fast 100 Millionen Exemplare beträgt allein die deutschsprachige Gesamtauflage seiner Bücher. Auf der Freilichtbühne in Rathen, umrahmt von den Felsen der Sächsischen Schweiz, agieren in den Sommermonaten die Helden von Karl May.

Eine Besonderheit hat Sachsen mit dem Deutsch-Sorbischen Volkstheater in Bautzen zu bieten, das Stücke sowohl in deutscher als auch in sorbischer Sprache auf die Bühne bringt.

Architektur

Höhepunkte in der Baukunst gibt es viele in Sachsen. An erster Stelle rangiert wohl der Dresdner Zwinger, eins der berühmtesten Bauwerke Europas. ›Römische Schauburg‹ nannte der Baumeister Matthäus Daniel Pöppelmann sein prachtvolles Werk. Ein wenig in den Schatten stellt ihn die Frauenkirche. Die steinerne Kuppel des im Zweiten Weltkrieg zerbombten und nach der Einheit wiederaufgebauten Gotteshauses prägt erneut die Silhouette der Elbestadt.

Zahlreiche Baumeister haben sich mit ihren Werken einen bleibenden Platz in der Geschichte der deutschen Baukunst gesichert: Arnold von Westphalen mit dem Großen Wendelstein an der Meißner Albrechtsburg, Nickel Grohmann

Vestibül der Semperoper in Dresden

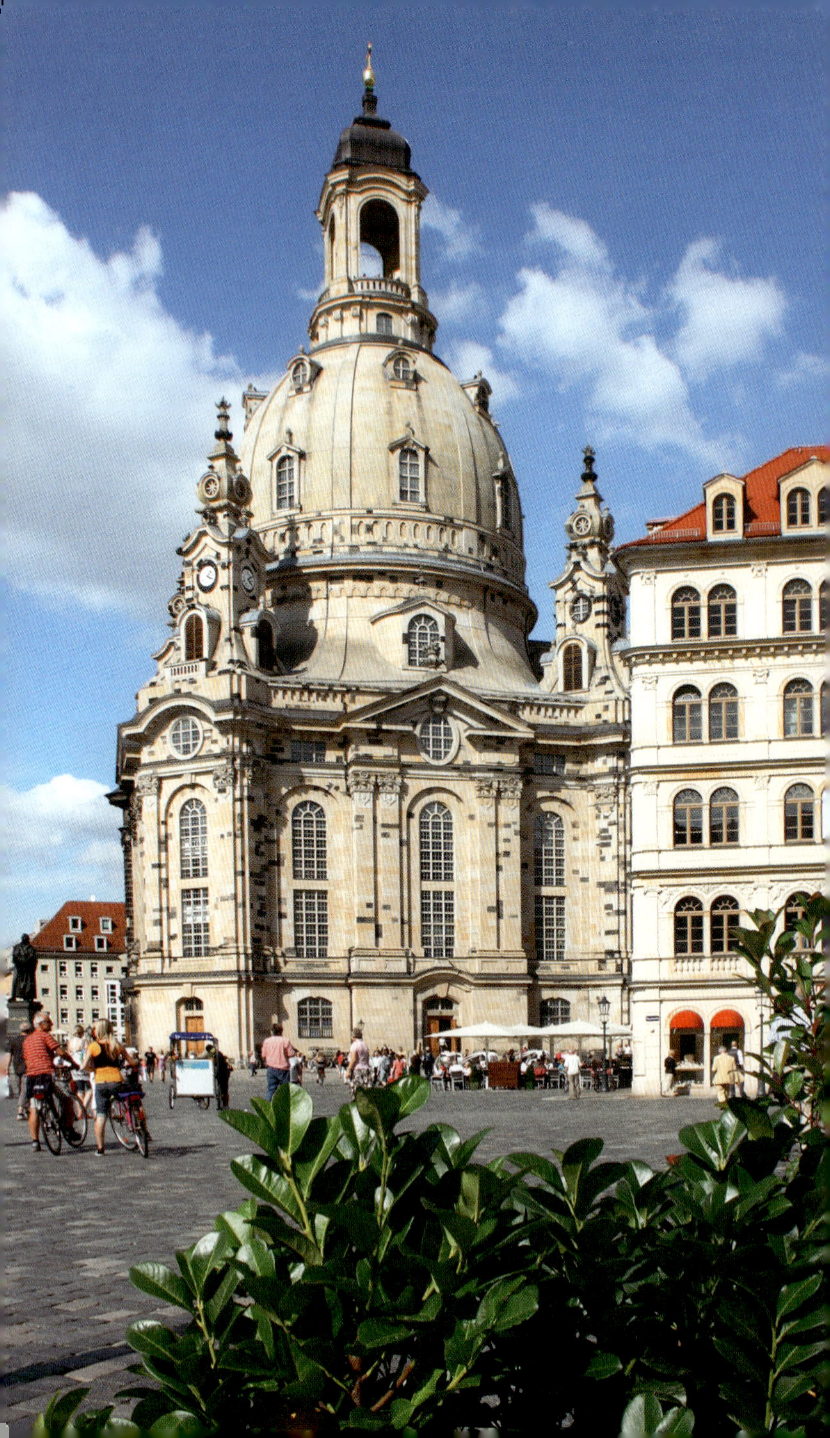

mit der Schlosskirche von Torgau, Hieronymus Lotter mit dem Alten Rathaus in Leipzig und Schloss Augustusburg. Aus der Reihe der namhaftesten Baumeister sei noch Gottfried Semper erwähnt, von dem in Dresden das Opernhaus und das Gebäude der Gemäldegalerie Alte Meister stammen. Semperoper und Semperbau heißen beide kurz in der Kunstgeschichte. Die Hallenkirchen in Freiberg, Zwickau, Pirna, Annaberg, Schneeberg und anderen Städten mit kostbarer Innenausstattung bilden den Höhepunkt spätgotischen Bauens.

Der Zweite Weltkrieg hat manches an historischer Bausubstanz vernichtet, anderes verkam durch Vernachlässigung zu DDR-Zeiten. Aber trotz fehlenden Geldes und permanenten Materialmangels hat die DDR-Regierung manche der Sehenswürdigkeiten wieder errichten lassen, so den Zwinger und die Semperoper in Dresden. Vieles konnte jedoch erst nach der Einheit in Angriff genommen werden, darunter die größte baukünstlerische Leistung der jüngsten Vergangenheit, der Wiederaufbau der Frauenkirche in Dresden.

Blickpunkt in vielen Dörfern im mittleren Erzgebirge bilden wehrhafte Kirchen, in denen die Menschen Schutz vor brandschatzenden Soldaten suchten. In Dörnthal, Lauterbach und Großrückerswalde sind solche alten Wehrkirchen erhalten, die ab dem 16. Jahrhundert ihre Bedeutung als dörfliche Zufluchtsstätte verloren. In zahlreichen Kirchen erklingen Orgeln des berühmtesten sächsischen Orgelbaumeisters Gottfried Silbermann, deren Klang schon Johann Sebastian Bach rühmte. Die größte Silbermannorgel steht im Freiberger Dom.

Wie aus einer Spielzeugschachtel muten die für die Oberlausitz typischen Umgebindehäuser an, eine regionale Sonderform der Holzbauweise. Der in Blockbauweise errichteten Wohnstube aus Holz im Erdgeschoss ist ein Balkengefüge als tragendes Gerüst für das meist in Fachwerk errichtete Obergeschoss und die Dachkonstruktion wie eine Blendarkade vorgelegt. Ein Rundbogen verbindet je zwei Ständer miteinander, diese Bögen umrahmen die oft mehrfach unterteilten Fenster. Aufwendig gestaltete Türstöcke aus Granit oder Sandstein, hölzerne Verzierungen oder die gegen die Witterung nützlichen Schieferplatten verschönern die Häuser. Nur in wenigen Regionen der Erde befinden sich auf einer solch eng begrenzten Fläche wie in der Oberlausitz so viele Zeugnisse einer Volksarchitektur. Die Häuser stammen überwiegend aus dem 18. und 19. Jahrhundert. Das letzte Umgebindehaus – insgesamt soll es in der Oberlausitz noch etwa 3000 geben – wurde 1907 in Sohland gebaut.

Kleinode der Landschaftsgestaltung sind oftmals die Schlossgärten. Was Hermann Fürst von Pückler-Muskau in der ersten Hälfte des 19. Jahrhunderts in Bad Muskau geschaffen hat, gehört zu den vollendetsten Meisterwerken der Gartenkunst. Johann Wolfgang von Goethe soll es gewesen sein, der Pückler in Weimar durch den Park an der Ilm führte und ihm den Rat gab: »Verfolgen Sie diese Richtung, Sie scheinen Talent dafür zu haben.« Nach dem Tod des Vaters ging der junge Graf – gefürstet wurde er erst 1822 – daran, seine große Vision in Muskau umzusetzen. Er schuf eine gestaltete Landschaft, die ihresgleichen sucht.

Die Frauenkirche in Dresden

Harlekin mit Deckelkanne von Johann Joachim Kaendler, 1764

Bildende Kunst

Zu den eindrucksvollsten Leistungen der bildenden Kunst zählen das im 13. Jahrhundert entstandene Skulpturenportal ›Goldene Pforte‹ des Freiberger Doms und die Skulpturen von Balthasar Permoser am Dresdner Zwinger. Zu den großen bildenden Künstlern gehört der Leipziger Bildhauer, Maler und Grafiker Max Klinger, dessen bedeutendstes bildhauerisches Werk, das Beethoven-Denkmal, im Leipziger Gewandhaus seinen Platz bekam. Bemerkenswerte Leistungen auf dem Gebiet der Malerei haben zu DDR-Zeiten die Leipziger Werner Tübke, Wolfgang Mattheuer und Bernhard Heisig erzielt.

Der Italiener Bernardo Bellotto, genannt Canaletto, malte zur Zeit Augusts II. in Dresden, später Anton Graff, der bedeutendste Porträtmaler Deutschlands in der Zeit der Aufklärung. Caspar David Friedrich, der sein Kunstprogramm mit den Worten »Ein Bild muß nicht erfunden, sondern empfunden sein« umriss, verbrachte 48 Jahre seines Lebens in Dresden. Durch seine Bilder erwarb sich Adrian Ludwig Richter den Ruf eines Entdeckers der Umgebung von Dresden. Kunstgeschichte schrieb Anfang des 20. Jahrhunderts die expressionistische ›Brücke‹, mit der der Aufbruch in die Moderne in Deutschland begann. Zu der Künstlergruppe hatten sich die aus Chemnitz stammenden Architekturstudenten Erich Heckel, Ernst Ludwig Kirchner, Karl Schmidt-Rottluff und der aus Zwickau stammende Fritz Bleyl 1905 zusammengeschlossen. Arbeiten von ›Brücke‹-

Künstlern, die in der Zeit der Nationalsozialisten verfemt waren und die man aus den deutschen Museen entfernte, besitzen die Galerie Neue Meister im Dresdner Albertinum, das Museum der bildenden Künste in Leipzig, die Städtischen Kunstsammlungen Zwickau und in Chemnitz die Städtischen Kunstsammlungen und das Museum Gunzenhauser.

Künstlerische Glanzleistungen vollbrachte der Dresdner Hofgoldschmied Johann Melchior Dinglinger. Seine schönsten Arbeiten sind im Grünen Gewölbe zu bewundern, auch das Schaustück ›Der Hofstaat zu Delhi am Geburtstag des Großmoguls Aureng-Zeb‹. Sieben Jahre lang arbeitete Dinglinger mit seinen beiden Brüdern und 14 Gehilfen an dem aus 137 goldenen, farbig emaillierten Figuren bestehenden Werk. Über 5000 Diamanten, Smaragde, Perlen und Rubine haben sie verarbeitet. Zum Weltruhm der Meissener Porzellanmanufaktur trugen wesentlich die Leistungen von Johann Gregorius Höroldt (1696–1775) bei, dem bedeutenden Dekorgestalter des 18. Jahrhunderts, der als Schöpfer der europäischen Porzellanmalerei gilt, und von Johann Joachim Kaendler (1706–1775), dem großen Porzellanmodelleur zur Zeit August des Starken.

Berühmte Persönlichkeiten

Nicht wenige Menschen aus Sachsen gelangten zu Ruhm, weil sie Herausragendes schufen. Einige wurden hier geboren, andere ließen sich hier nieder. Etliche der Wohn- und Wirkungsstätten dieser Persönlichkeiten aus Kunst und Technik sind heute Museen. Hier sind einige dieser berühmten Leute in der Reihenfolge ihres Geburtsjahres:

Adam Ries – der große Rechenmeister

Der Silberbergbau hat Ries (1492–1559) vermutlich in das sächsische Städtchen Annaberg gelockt. In den aufstrebenden und reichen Bergstädten fand er ein reiches Betätigungsfeld auf mathematischem Gebiet. Wie zuvor in Erfurt, wo er von 1518 bis 1522 gelebt hatte, gründete Ries auch in Annaberg eine private Rechenschule. Seine Schüler – Kinder und Erwachsene gleichermaßen – benutzten die von ihm verfassten methodischen Rechenbücher. Vor allem sein Buch ›Rechnung auf der Linien und Federn‹ war weit verbreitet und teilweise noch im 18. Jahrhundert in Gebrauch, es erlebte 108 Auflagen. Adam Ries hat die Rechenkunst vereinfacht, er wollte mithelfen, dass ›der arme gemeyne man nicht übersetzt (betrogen) wurde.‹ Ries schrieb seine Rechenbücher in deutscher Sprache,

Adam Ries

damit sie jeder verstehen konnte, denn das damals weithin verbreite Latein beherrschten die einfachen Menschen nicht. Er ersetzte auch die bis dahin gebräuchlichen römischen Ziffern durch die heute üblichen arabischen.
→ Adam-Ries-Museum, Annaberg-Buchholz, S. 227.

August der Starke – der Hufeisenverbieger

Um den berühmtesten Kurfürst aus dem Hause Wettin ranken sich unzählige Sagen, er wird als Draufgänger bezeichnet, seine Leibeskräfte werden in den schillerndsten Farben gepriesen, was Friedrich August I. (1670 –1733) den Beinamen der Starke einbrachte.

August der Starke

Als Kind habe er Löwenmilch getrunken, wussten die einen zu berichten, andere wollen dabei gewesen sein, als er silberne Teller wie Papier zusammengerollt und mit bloßen Händen Hufeisen zerbrochen habe. Auch im Bett soll der Monarch ein Kraftprotz gewesen sein, 354 Kinder werden ihm angedichtet. Wissenschaftler haben in den Archiven gewühlt, Chroniken und andere Urkunden zur Hand genommen und festgestellt: Neun legitimierte Kinder hatte August der Starke, darunter einen ehelichen Sohn. Für den Thron war der 1670 geborene Prinz nicht bestimmt, denn er war nur der zweitgeborene Sohn von Kurfürst Johann Georg III. Als sein älterer Bruder sechsundzwanzigjährig an den Blattern starb, hinterließ der keinen rechtmäßigen Erben, nur eine unehelich geborene Tochter. Das war die Stunde für Friedrich August. Mit 24 Jahren wurde er unerwartet Kurfürst von Sachsen, in wenigen Jahren machte er Sachsen zu einem der bedeutendsten Länder Europas. 1727 starb seine Gemahlin Christiane Eberhardine mit 55 Jahren, sechs Jahre später vollendete sich das Leben Augusts des Starken in Warschau. Beigesetzt wurde er im Dom zu Krakau, sein Herz kam in einer silbernen, innen vergoldeten Kapsel nach Dresden und befindet sich in der Kathedrale St. Trinitatis.
→ Residenzschloss Dresden, S. 265.

Gräfin Cosel – machtbesessene Mätresse

Die kluge und schöne Anna Constantia von Brockdorff (1680 –1765) war 1703 als 23-Jährige nach Dresden gekommen. August der Starke wählte sie zur Mätresse, als solche wurde sie zur Reichsgräfin von Cosel und rasch zur ersten Dame des Dresdner Hofes. Die Cosel war, so Zeitberichte, eine Frau voller Schönheit, Anmut und Charme. Der Kurfürst vermachte ihr pompöse Geschenke, ließ für sie unweit des Schlosses das Taschenbergpalais errichten und schenkte ihr

Gräfin Cosel

Schloss Pillnitz. Drei Kinder gebar sie dem Kurfürsten, für die er stets sorgte: 1708 Auguste Constantine Gräfin von Friesen, 1709 Friederike Alexandrine von Cosel, 1712 Friedrich August von Cosel. Als die Reichsgräfin mit dem Kurfürsten nicht mehr nur das Bett teilen wollte, als sie zu intrigant und ehrgeizig geworden war, fiel sie 1713 in Ungnade. Die Cosel ließ sich aber nicht abservieren, sie bestand auf ihren Rechten, wollte das schriftliche Eheversprechen nicht herausgeben. Verzweifelt floh sie nach Preußen. In Halle ergriffen sie schließlich die Häscher Augusts des Starken und brachten sie auf Schloss Nossen. Weihnachten 1716 kam die Cosel auf die Burg Stolpen. Auch nach dem Tod Augusts des Starken erlangte sie nicht die Freiheit, lediglich die Haftbedingungen lockerten sich. 49 Jahre, bis zu ihrem Tod, verbrachte die Cosel auf der Burg.
→ Burg Stolpen, S. 303.

Johann Friedrich Böttger – der Porzellanerfinder

»Tu mir zurecht Böttger, sonst ...« drohte August der Starke dem Alchimisten Johann Friedrich Böttger (1682–1719), als dieser ihm immer noch kein Gold präsentieren konnte. Ob aus Angst vor seinem Kurfürsten oder aus Freude am Experimentieren – der Apothekergehilfe gönnte sich fast keine Pause. Schließlich konnte Böttger mit Graf Ehrenfried Walther von Tschirnhaus an der Seite glückstrahlend eine Formel notieren. Es war allerdings nicht die von August dem Starken erhoffte, sondern die für das ›weiße Gold‹, für das europäische Porzellan. Der Alchimist Böttger war über Nacht zur bestbewachten Person Sachsens geworden, niemand sollte die Porzellanformel erfahren. Auf der Albrechtsburg wurde eine Porzellanmanufaktur eingerichtet, die erste in Europa, Böttger unter strenger Bewachung dorthin gebracht. 1713 reiste das erste Porzellan von Meißen aus zur

Johann Friedrich Böttger

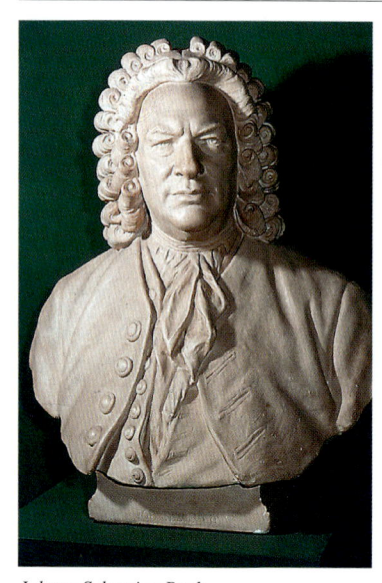

Leipziger Ostermesse, ein Jahr später bekam Böttger seine Freiheit zurück. Vorher musste er seinem Monarchen schriftlich versichern, das Produktionsgeheimnis nicht zu verraten. Nur wenige Jahre konnte Böttger seinen Ruhm genießen, er starb, durch Gefangenschaft und Laboratorium gesundheitlich stark angegriffen, im Alter von nur 37 Jahren. Zehn Tage später wurde er ›ohne jeden Aufhebens‹ bestattet, sein Grab hat sich nicht erhalten.
→ Porzellanmanufaktur Meißen, S. 333.

Johann Sebastian Bach – der geniale Musiker

Johann Sebastian Bach

»Nicht Bach, sondern Meer sollte er heißen, wegen seines unendlichen, unerschöpflichen Reichtums von Tonkombinationen und Harmonien!« urteilte Ludwig van Beethoven über seinen Komponisten-Kollegen. Seine bedeutendsten Werke – die Johannespassion, die Matthäuspassion und das Weihnachtsoratorium – schrieb er in Leipzig. Dort wirkte Bach (1685–1750) seit 1723 als Thomaskantor. 27 Jahre lang bewohnte er mit seiner Familie die Kantorenwohnung in der nur wenige Schritte entfernten nicht mehr vorhandenen Thomasschule. Bach war nicht nur ein herausragender Komponist und exzellenter Kantor, sondern auch ein Orgelexperte. Das musikalische Erbe bewahrten Bachs Söhne und seine Schüler. Mit der Aufführung der Matthäuspassion durch Felix Mendelssohn Bartholdy 1829 fand die Wiederentdeckung Bachs statt. Neun seiner 20 Kinder aus zwei Ehen überlebten den Vater, die Söhne Wilhelm Friedemann, Carl Philipp Emmanuel, Johann Christoph Friedrich und Johann Christian wurden ebenfalls erfolgreiche Komponisten. Am Ende seines Lebens war Bach erblindet, verstorben ist er nach einem Schlaganfall.
→ Bachmuseum Leipzig, S. 88.

Karl Stülpner – Robin Hood des Erzgebirges

Die Obrigkeit konnte Karl Stülpner (1762–1841), den Robin Hood des Erzgebirges, trotz hoher Kopfprämien nicht fassen, die einfachen Menschen schützten und verbargen ihn. Stülpner, der als siebtes Kind eines armen Mahlburschen zur Welt kam, wurde mit 16 Jahren Soldat. Nach 1794 lehnte er sich gegen die Obrigkeit auf, vor allem gegen die feudalen Jagdgesetze. Er wurde zum Raubschütz, wie die Adligen es nannten, denen das Jagdrecht allein gehörte. Die Bauern im Erzgebirge litten damals sehr unter dem Wildreichtum, so war es ihnen recht, wenn Stülpner Wildschweine, Hirsche und Hasen schoss und ihnen sogar noch Fleisch und Felle vor die Haustür legte. 1795 belagerte er mit Gleichgesinnten die Burg Scharfenstein, danach wurde er steckbrieflich gesucht. Verarmt und fast erblindet nahm ihn 1839 seine Heimatgemeinde auf. Der Gemeinderat beschloss, ihn »alle acht Tage von Hauß zu Hauß zu schicken, wo ein jeder Hauswirth verbunten ist, Stilpner acht Tage lang behalten muß«. Stülpners Abenteuer dienten Generationen von Schreibenden als Stoff für legendenhaft verklärte Erzählungen, Romane und Theaterstücke. Bereits 1835, also noch zu Lebzeiten des Wildschützen, erschien ein Stülpner-Buch des Zschopauer Lehrers Carl Schönberg. Fast die gesamte Auflage beschlagnahmten die königlichen Behörden. Den erfolgreichsten Stülpner-Roman ›Der Sohn der Wälder‹ schrieb 1922 Kurt Arnold Findeisen.

Karl Stülpner

→ Museum sächsisch-böhmisches Erzgebirge, Marienberg, S. 237, Burg Scharfenstein, S. 238/239.

Fürst Pückler-Muskau – kreativer Gartengestalter

Hermann Fürst von Pückler-Muskau (1785–1871) war einer der bedeutendsten Gartenarchitekten des 19. Jahrhunderts, aber auch eine der schillerndsten Persönlichkeiten seiner Zeit. Um Lucie, der wohlhabenden Tochter des Staatskanzlers Karl August von Hardenberg zu imponieren, paradierte er in Berlin in einer von vier Hirschen gezogenen Kutsche die Straße Unter den Linden entlang. Mit Erfolg: Lucie vertraute ihm ihr Geld an, das Pückler mit leichter Hand ausgab. In England kaufte er Stühle, in Paris antike Gipsabdrücke, »so daß wir künftig etwas hier in Muskau haben werden, was auf dem Land einzig ist,« schrieb er seiner späteren Frau. 1826 war er finanziell am Ende, Lucie, seine ›Schnucke‹, hatte die geniale Idee, ihr Hermann solle nach England reisen und sich dort eine Millionärin angeln. Das Paar ließ sich pro forma scheiden. In England absolvierte Pückler nach eigenen Angaben 1400 Morgenvisiten in acht Monaten, ausführlich davon berichtete er in Briefen an Lucie. Der Ruf als ›toller Pückler‹, den er seit seiner Leipziger Studienzeit inne hatte, war dem Fürsten vorausgeeilt, die englische Damenwelt amüsierte sich über den Hasardeur. Als er 1829 unverrichteter Dinge nach Muskau zurückkehrte, lagen seine aus England geschickten Briefe

Hermann Fürst von Pückler-Muskau

als Buch da, Lucie hatte sie unter dem Titel ›Briefe eines Verstorbenen‹ drucken lassen. Zahlreiche weitere Bücher folgen. Keine reiche Frau, sondern die Schriftstellerei verhalfen dem Fürsten wieder zu Geld.
→ Neues Schloss, Bad Muskau, S. 355.

Robert Schumann – der Schöpfer der ›Träumerei‹

»Ich bin in Zwickau geboren am 8ten Juni 1810… Ich war fromm, kindisch und hübsch, lernte fleißig …«, das schrieb Robert Schumann (1810–1856) als 15-Jähriger. Das Manuskript wird im Robert-Schumann-Haus in Zwickau aufbewahrt, das das Werk des Tondichters pflegt. Schumann gilt als eine der Musikerpersönlichkeiten des 19. Jahrhunderts. Nach dem Jurastudium wandte er sich ganz der Musik zu. Eine Fingerlähmung bereitete jedoch der Pianistenlaufbahn ein Ende.
Bis 1839 komponierte Schumann ausschließlich Klavierwerke, darunter die berühmte ›Träumerei‹. Danach schuf er vor allem Lieder, ein Drittel seiner Kompositionen entstand in Dresden, darunter die große C-Dur-Sinfonie. In der Vertonung von Heines Gedicht ›Die beiden Grenadiere‹ lässt er, beeindruckt von den Revolutionsereignissen 1848/49, Motive der Marseillaise anklingen. 1850 folgt Schumann, seit 1840 mit der bekannten Pianistin Clara Wieck verheiratet, dem Ruf Düsseldorfs als Städtischer Musikdirektor, sechs Jahre später stirbt er an einer Nervenkrankheit. Sein großer Kollege Franz Liszt äußerte über ihn: »Als Mensch fühlte er den Drang, Schriftstellertum und Musik zu verbinden – als Musiker das Bedürfnis, die Geschichte der Musik mit denen der Poesie und Literatur in immer engere Verbindungen zu bringen.«
→ Robert-Schumann-Haus, Zwickau, S. 195.

Robert Schumann

Karl May – der Bestsellerautor

Die rund 80 Bücher von Karl May (1842–1912) wurden in 43 Sprachen übersetzt. Die Helden heißen Winnetou und Old Shatterhand. Abenteuerwelt oder historische Wahrheit? »Ich bin wirklich Old Shatterhand«, schrieb May 1887 in einem Brief, »und ich habe erlebt, was ich erzähle«. Schon lange ist jedoch erwiesen: Mays Beschreibungen des Wilden Westens sind frei erfunden und ein Produkt seiner Phantasie. Erst 1908 besuchte er Nordamerika, als seine Helden schon weithin bekannt waren. Viele Prozesse musste May durchstehen, den letzten gewann er ein Jahr vor seinem Tod. Vielfach ging es um den Vorwurf des Schreibens ›abgrundtiefer unsittlicher‹ Dinge und meist wurde auch in Mays Leben gekramt. Das war in den ersten Jahrzehnten nicht besonders geradlinig verlaufen, mehrfach wurde er als Hochstapler und Betrüger verhaftet und verurteilt. Zu seiner Beerdigung kam auch eine Indianerdelegation. Der Sioux-Häuptling Susetscha Tanka sagte am Grab von Karl May: »Uns steht keiner so nahe wie du, dessen Lebenswerk eine einzige Verherrlichung der Tugenden des roten Mannes ist.«

Karl May

→ Karl-May-Haus Hohenstein-Ernstthal, S. 187, Karl-May-Museum Radebeul, S. 300.

Wilhelm Ostwald – Sachsens Nobelpreisträger

»Ostwald wird ein Stern erster Größe auf dem Grenzgebiet zwischen Chemie und Physik«, prophezeite 1881 der Chemieprofessor Schmidt von der Universität Dorpat (heute Tartu, Estland). Im selben Jahr wurde der erst 28-jährige Wilhelm Ostwald (1853–1932) als Professor nach Riga berufen. Nach der Rückkehr aus den USA, wo er an der Harvard-Universität lehrte, siedelte er nach Großbothen über, um sich freier Forschungstätigkeit zu widmen. 1909 wurde ihm der Nobelpreis für Chemie verliehen. Georg Bredig, einer seiner Schüler, hatte im Vorschlag an das Nobelpreiskomitee geschrieben: »Ostwalds Bedeutung besteht weniger in einer wichtigen Einzelentdeckung, sondern dem ungeheuren allgemeinen Einfluss, den er auf die Entwicklung der modernen Chemie gehabt hat …« Dennoch gab es eine herausragende wissenschaftliche Einzelleistung: die naturgesetzliche Klärung des Katalysebegriffes. Ostwald verfasste 45 Lehr- und Handbücher und etwa 10 000 fachliche Kurzreferate und Buchbesprechungen.

Wilhelm Ostwald *August Horch 1905*

Das von ihm aufgebaute Farbsystem lehrte man an den sächsischen Volksschulen, die Porzellanmanufaktur Meissen sowie Textilunternehmen kennzeichneten die Farben ihrer Muster mit ›Wilhelm-Ostwald-Normen‹.
→ Wilhelm-Ostwald-Park Großbothen, S. 124.

August Horch – Automobilpionier

Bereits als Zehnjähriger soll August Horch ein Dreirad gebaut haben, wird erzählt. 28 Jahre später ließ der Name August Horch (1868–1951) zum ersten Mal aufhorchen. Der Horch Phaeton der August Horch&Cie. Motorwagenwerke AG aus Zwickau errang bei der 2. Herkomer-Fahrt den Sieg. Das Rennen führte über 1647 Kilometer von Frankfurt über Wien nach München. Wegen Differenzen mit dem Vorstand gründete Horch ein neues Unternehmen. Ein neuer Name musste her. Der Sohn eines Freundes soll vorgeschlagen haben, den Imperativ von Hören (horch) ins Lateinische zu übersetzen und der lautet: Audi. So entstanden in Zwickau die Audi Automobilwerke GmbH, später dann AG Zwickau. 1932 wurde die Auto-Union AG gegründet, das Unternehmen mit den vier Ringen. Audi, DKW, Horch und Wanderer schlossen sich zusammen. August Horch, der sich aus dem aktiven Ingenieursleben zurückgezogen hatte und als freiberuflicher Kraftfahrzeug-Sachverständiger wirkte, wurde in den Aufsichtsrat berufen. 1937 kam seine Autobiographie ›Ich baute Autos‹ auf den Markt. Er ist Ehrenbürger Zwickaus sowie seiner Geburtsstadt Winningen an der Mosel und Ehrendoktor der Technischen Hochschule Braunschweig. In Sachsen wird August Horch als ›Vater des sächsischen Automobilsbaus‹ verehrt.
→ August-Horch-Museum Zwickau, S. 196.

Jens Weißflog – der Skiflugkönig

Mit vier Siegen bei der Internationalen Vierschanzentournee, 33 Weltcupsiegen und vier Medaillen bei Olympischen Spielen gilt er als Deutschlands erfolgreichster Skispringer aller Zeiten: Jens Weißflog (geboren 1964) aus Oberwiesenthal. »Er ist der Paradespringer meiner Trainerzeit«, äußerte nach dem Gesamtsieg in Bischofshofen 1996 der damalige Bundestrainer glücklich. Und der Cheftrainer der Österreicher fügte hinzu:»Jens ist der größte Skispringer aller Zeiten. Sensationell, wie er sich immer wieder aus Tiefs herausgearbeitet hat.« Geboren wurde Weißflog im erzgebirgischen Pöhla, nicht weit von seinem heutigen Wohnort Oberwiesenthal entfernt, der ihn zum Ehrenbürger ernannte. 1977, im Alter von 15 Jahren, war Jens in Oberhof bereits 113 Meter weit geflogen. Zwischen 1989 und 1991, als sich die Springer der Welt vom Parallel- auf den V-Stil umstellten, schien die sportliche Karriere des von Verletzungen geplagten Weißflog am Ende zu sein. Doch er schaffte mit einer beispielhaften Zähigkeit nicht nur den Anschluss an die Weltelite, sondern er setzte sich sogar wieder an deren Spitze. Auf dem Höhepunkt seiner Karriere trat er 1996 ab, den Abschluss bildete sein 31. Weltcupsieg in seinem 31. Lebensjahr. Am 15. Juni 1996 stieg der weltbeste Skispringer nochmals die Fichtelbergschanze hoch, um sich von seinen Fans zu verabschieden, die Skisprungelite von einst und jetzt nahm an dem Riesenspektakel am Fichtelberg teil.

Jens Weißflog

Essen und Trinken

Sachsen hat keine einheitliche Küche, jeder Landstrich weist Besonderheiten auf, die Vielfalt reicht von herzhaft-deftig bis zu zuckersüß. Die Vogtländer warten mit vorzüglichen Klößen auf, die Leipziger mit ihrem berühmten Allerlei, die Lausitzer mit Plinsen. Und Dresden wurde mit dem Christstollen weithin bekannt.

Getränke

Eins mögen alle Sachsen, frischgebrühten Kaffee, ihr Nationalgetränk, das ihnen zum Spitznamen ›Kaffeesachsen‹ verhalf. ›Heeß‹ muss er sein und süß, so lieben sie ihn. Ist er schwach, schlecht gebrüht, wird er als Muckefuck, Lorke oder Plempe bezeichnet. Wer das Gerücht vom ›Bliemchengaffee‹ aufgebracht hat – der so dünn sei, dass man das Blümchenmuster am Tassengrund erkennen könne – konnte bis heute nicht geklärt werden. Zugeschoben wird es den Preußen, die neidvoll zu den kaffeeschlürfenden Sachsen schauten, weil ihnen ihr König Friedrich II. den Kaffeegenuss strikt untersagt hatte. Bereits Johann Sebastian Bach widmete dem Kaffee, der ›lieblicher als tausend Küsse‹ schmecke, seine berühmte Kaffeekantate.

Beliebt ist auch Bier, bekannte Marken sind Wernesgrüner und Radeberger. Die Radeberger Brauerei war ab 1905 sogar königlich-sächsischer Hoflieferant, verbürgt ist auch, dass die nachfolgenden Regierungen bis zur letzten DDR-Regierung das Radeberger bevorzugten. Aber auch das in Görlitz gebraute Landskron-Bier hat Liebhaber und ebenso das Eibauer Schwarzbier, das hinter den Landesgrenzen Sachsens allerdings kaum bekannt ist. In Eibau begann das Bierbrauen 1810, als Sachsenkönig Friedrich August I. Eibau als Standort für die erste Landbrauerei im Raum Zittau bestätigte.

Ein spezielles regionales Getränk ist die Gose, ein obergäriges, leicht säuerliches Weißbier, das in Leipzig gebraut und ausgeschenkt wird. Ursprünglich kam dieses Bier aus Goslar nach Leipzig, benannt ist es nach dem dortigen Flüsschen Gose. Auch regionale Weine gibt es, was viele nicht wissen: An der Elbe von Pirna über Meißen bis Diesbar-Seußlitz erstreckt sich das Weinanbaugebiet, die hier gekelterten trockenen Weine sind begehrt, die Anbauflächen aber klein. Meißner Weine sind deshalb Raritäten und gehören zu den teuersten Weinen Deutschlands. Wer den Abschied von Sachsen stilvoll begehen möchte, greift zum Sekt aus Radebeul, dem ›Schloss Wackerbarth‹, der schon seit 1836 hergestellt wird.

Regionale Spezialitäten

Wer nach Sachsen reist, sollte wissen, was sich hinter den regionalen Spezialitäten verbirgt, beispielsweise, dass das Leipziger Allerlei kein Eintopf ist, sondern eine aus vielen zarten Frischgemüsen bestehende Beilage, die zum Hauptgericht gereicht wird, traditionell zu Schnitzel mit Kartoffeln. Das echte

Teichfischer in der Oberlausitz

Leipziger Allerlei besteht nur aus frischem gegarten Gemüse der Jahreszeiten und einem Flusskrebs obenauf. Und die Plinsen in der Lausitz? Die bestehen aus Eierkuchenteig, der in die heiße Pfanne gegossen und beidseitig goldgelb gebacken wird. Serviert werden die Plinsen mit Apfelmus und einem Sahnehäubchen, mit Marmelade, zerlassener Butter oder mit Zucker und Zimt.

Die Kartoffel – von den Vogtländern Erdäpfel genannt – spielt in der Küche Sachsens eine große Rolle, denn die Sachsen haben sie um 1647 als erste in Deutschland angebaut, behaupten sie. Im Erzgebirge und Vogtland, wo der dürftige Boden und das raue Klima nicht viel hergaben, wurde sie rasch zum Hauptnahrungsmittel. Ein Hans Wolf aus Würschnitz soll die ersten Knollen aus Amsterdam mitgebracht und in seinem Hausgarten angepflanzt haben. Die Klöße, der Vogtländer sagt mundartlich Griegeniffte dazu, bestehen aus geriebenen rohen Kartoffeln, deshalb werden sie auch als grüne oder rohe Klöße bezeichnet; nur selten werden etwas gekochte Kartoffeln beigemischt. Dazu reicht man viel Brieh (Soße) und Sauerbraten, aber auch Rouladen, Hasenbraten oder Geflügel. Gute Köche orientieren sich bei der Kloßqualität noch heute an dem, was am 16. Januar 1898 in der Zeitung ›Vogtländischer Anzeiger und Tageblatt‹ zu lesen war: »Ein richtiger Kloß muß so groß sein wie ein kleiner Kindskopf, hellgrau aussehen und was die Hauptsache ist, er muß in der Schüssel zittern.« Grüne Klöße sollen 20 Minuten in Salzwasser köcheln und »dann gleich auf den Tisch kommen und gegessen werden, denn durch das Stehen werden sie hart.« Wird der Kloßteig in der Pfanne gebacken, ergibt das Glitscher, der Vogtländer sagt Bambes dazu.

Wenn der Sachse zum Senf greift, dann meist zu dem aus Bautzen. An der Rezeptur des Mittelscharfen hat sich seit DDR-Zeiten nichts geändert, mittlerweile hat er in den neuen Bundesländern einen Marktanteil von 70 Prozent. In Bautzen gehört er heutzutage sogar zum Tourismus, während man beispielsweise das Erzgebirge mit einem Nussknacker oder Räuchermännchen als Souvenir verlässt, sind es in Bautzen Gläser voller Senf. Gekauft in den beiden Senfläden in der Heringstraße und am Fleischmarkt, die ein breites Sortiment anbieten.

Suppen mit viel Gemüse rangieren in Sachsen ganz vorn, sämig macht man sie durch die Beigabe pürierter Kartoffeln. Mit zahlreichen Zutaten wie Äpfel, Gemüse, Eier, Gurke oder Fisch wird der Kartoffelsalat zubereitet. Beliebt sind saure Eier in Specksoße, aber auch die sauren Flecke, ein süßsaures Gericht aus kleingeschnittenen Rindsmagen und Kartoffelstückchen, das mit Äpfeln gekocht und mit Speckgrieben abgeschmeckt wird.

Im Vogtland sollte man Karpfen probieren, der hier mit viel Gemüse in Bier gedünstet wird, dazu werden Rotkraut und Kartoffeln gereicht. Wer frischen Fisch mag, Karpfen, Zander, Hecht, Wels und Stör, fährt von Ende September bis Ende Oktober zu den Lausitzer Fischwochen. Die Oberlausitz ist mit rund 1000 Teichen Deutschlands größtes bewirtschaftetes Teichgebiet. Man darf beim Einholen der ›Ernte des Jahres‹, dem Abfischen, zuschauen und die sich an den Fischwochen beteiligten Restaurants haben in dieser Zeit mindestens drei Gerichte aus einheimischem Fisch auf der Speisekarte stehen.

Süßes

Eine beliebte sächsische Süßspeise sind die Quarkkeulchen, die aus zwei Drittel geriebenen Pellkartoffeln und einem Drittel Magerquark, Eiern und Mehl bestehen. Verfeinert werden sie mit Zucker, Zimt, Vanillezucker sowie abgeriebener Zitronenschale, oftmals kommen auch Rosinen dazu. Die Quarkkeulchen, in

Dresdner Stollen

Form und Größe den Kartoffelpuffern ähnlich, werden in Butterschmalz goldbraun gebraten und mit Zucker oder Apfelmus serviert. Köstlich schmeckt im Vogtland der mit Zucker und Zimt bestreute Aardäppelkuchn, vor allem, wenn er noch warm ist. Zum Nachtisch empfiehlt sich in der Heimat von Hermann Fürst von Pückler-Muskau das nach ihm benannte Eis aus fruchtigen Schichten halbgefrorener Sahne. Der Fürst war zwar sehr kreativ, doch das Eis geht nicht auf sein Konto. Ein pfiffiger Konditor benannte es aus Werbegründen nach dem Fürsten, der gegen diesen unverhofften Popularitätsstoß nichts einzuwenden hatte.

Fürst-Pückler-Parfait

Sitzen Sachsen am Nachmittag gemütlich zusammen, greifen sie gern zu Dresdner Eierschecke oder Leipziger Lerchen. Die Eierschecke ist ein Hefeblechkuchen, der mit einem dicken Quarkbelag und einer dicksämigen, unter anderem aus saurer Sahne, Eiern und Vanillezucker bestehenden Mischung bestrichen wird. Leipziger Lerchen sind eine Variante des Makronentörtchens aus Mürbeteig, die man mit einer Masse aus geriebenen Mandeln, Nüssen und Erdbeerkonfitüre füllt. Verziert sind die Lerchen mit zwei überkreuzten Teigstreifen.

Zur Weihnachtszeit wird zum Kaffee Stollen gegessen, das ist in allen sächsischen Gebieten so. Vielerorts wird der Teig noch heute in der Wohnung nach alten Familienrezepten mit viel Mandeln und Rosinen zubereitet, backen lässt man ihn allerdings beim Bäcker. Kleinlich sind die Hausfrauen auch bei der Quantität nicht – der letzte Stollen wird oft zu Ostern angeschnitten. Der Dresdner Christstollen wird gut verpackt in alle Welt verschickt. Historiker haben herausgefunden, dass in einer im Ratsarchiv aufgefundenen Akte von 1530 Christstollen genannt werden, andere behaupten, seine Geschichte lasse sich bis um das Jahr 1400 zurückverfolgen. Seine Form, so meint man, weise auf ein in Windeln gewickeltes und in einer Krippe liegendes Christkind hin. Der echte Dresdner Stollen kommt natürlich nur aus Dresden, um das kenntlich zu machen, haben sich 1991 über 100 Backwarenbetriebe zum Schutzverband ›Dresdner Stollen‹ zusammengeschlossen. Die von ihnen hergestellten Stollen tragen als Gütesiegel den Goldenen Reiter auf dem Etikett – nur die so markierten sind also echte Dresdner Stollen.

Zwischen den Hauptmahlzeiten greift der Sachse zur ›Bemme‹ oder dem ›Bemmchen‹. Das sind zwei mit Butter oder Margarine bestrichene Brotscheiben, die mit Wurst oder Käse belegt und zusammengeklappt werden. Habt man zuviel gegessen, sollte man zur Verdauung einen Kräuterlikör trinken, vielleicht den aus Altenberg, der aus 33 verschiedenen Blüten, Blättern und Wurzeln entsteht.

Weine von den Elbhängen

Seit rund 1000 Jahren baut man an den Hängen des Elbtales zwischen Pillnitz und Diesbar-Seußlitz Wein an. Die Böden sind hier fruchtbar, die Sonne verwöhnt die Gegend mit einer durchschnittlichen Sonnenscheindauer von 1500 bis 1700 Stunden im Jahr, und das Klima ist bis in den Herbst hinein mild – alles ideale Bedingungen für den Anbau von Wein. Die Elbe und einer der schönsten Radwege Deutschlands an ihren Ufern verbinden die idyllischen Weindörfer.

Die Meißner Bischöfe sollen die ersten gewesen sein, die Wein von den Elbhängen genossen haben. Um 1250 stand der Weinbau, wenn man den Annalen glauben darf, bei dem Dorf Zadel in voller Blüte und breitete sich von hier rasch aus. Der Dresdner Hof schenkte dem Weinanbau große Aufmerksamkeit, doch selbst trank man keine sächsischen Weine. Das war nicht standesgemäß. Einheimische Weine standen bei den höheren Bediensteten und dem Bürgertum auf dem Tisch. 1588 erließ man sogar eine für ganz Sachsen geltende Weinbergsordnung. Die bestimmte unter anderen, dass Steine aus den Weinbergen gelesen werden mussten. Das erklärt die kleinen Steinhalden, die noch heute vielfach an den Weinbergrändern zu sehen sind.

Ende des 19. Jahrhunderts endete der Weinbau schlagartig, als die bis dahin völlig unbekannte Reblaus die Rebstöcke massenhaft befiel. In den folgenden Jahrzehnten wurden viele Weinberge verkauft, als Bauland genutzt oder mit Obstbäumen bepflanzt. Als es reblausresistente Pfropfreben gab, begann in den 1920er Jahren eine Wiederaufrebung, die sich ab etwa 1970 fortsetzte. Vor allem nach der Einheit wuchsen die Rebflächen. Dennoch ist das Anbaugebiet vergleichsweise klein, Weine von den Elbhängen sind deshalb rar und wegen ihrer Qualität begehrt. Die Weine vom Elbtal gelten als trocken, durchgegoren, ohne Restzucker mit fruchtiger Säure.

Entlang der Sächsischen Weinstraße werden von den Winzern bevorzugt angebaut:

Müller-Thurgau: Die Rebe ist nach dem Schweizer Hermann Müller aus dem Kanton Thurgau benannt, der sie 1882 aus einer Kreuzung zwischen Riesling und Silvaner gewann. Sie wird früh reif, besitzt eine feine dezente Muskatnote und rangiert im Elbtal an erster Stelle.

Riesling: Eine der ältesten Rebsorten, die sich besonders für die steilen Hänge des Elbtals eignet, wo sie auf Platz 2 rangiert. Sie reift spät, nimmt also die sonnigen Herbsttage mit auf. Der Riesling zeichnet sich durch eine feine Säure aus, das zarte blumige Bukett erinnert an Pfirsich.

Weißburgunder: Ein fülliger, abgerundeter Qualitätswein mit voller Geschmacksnote und zartblumigem Bukett, der zu jeder Gelegenheit passt. Die Rebsorte französischer Herkunft wird nachweisbar seit über 200 Jahren an den Elbhängen angebaut, heute rangiert sie hier auf Platz 3.

Goldriesling: Die Rebsorte wird nur im Elbtal angebaut. Der Goldriesling treibt spät aus und wird früh reif, wodurch er sich gut für Randlagen eignet. Der leicht fruchtige Wein besitzt ein neutrales Bukett und kleine Säure. Er gilt als hervorragender Kneipwein, wie leichte, süffige Schoppenweine bezeichnet werden, von denen man dank ihres niedrigen Alkoholgehalts auch größere Mengen konsumieren kann.

Traminer: Eine der Spezialitäten im Weinanbaugebiet an der Elbe, würzig, an Rosenduft erinnernd. Nach dem italienischen Ort Tramin benannt, spätreif, anspruchsvoll.

Ruländer: Wenig säurebetonter, kräftiger Wein mit einem an Honig erinnernden vollen Bukett, der vor allem zu kalten Speisen gereicht wird. Die Reben beanspruchen beste Lagen.

Etwa 2500 Weinbauern und Hobbywinzer bewirtschaften die Rebflächen in steiler, terrassenförmiger Lage. Das größte private Weingut ist ›Schloss Proschwitz‹ von Georg Prinz zur Lippe. Knapp 90 Hektar bewirtschaftet er und stellt jährlich 450 000 Flaschen Wein und Sekt her, andere haben nur fünf Hektar, doch was sie darauf ernten, reicht immerhin für jährlich rund 30 000 Flaschen. Für nicht wenige jedoch ist der Weinanbau Freizeitbeschäftigung, Spalier-Winzer werden sie oft genannt, weil sie vielfach nur eine Handvoll Rebenstöcke ihr eigen nennen. Sitzt man mit ihnen zusammen, erfährt man viel Wissenswertes, beispielsweise: Meißner Weine sollten jung getrunken werden, sie länger als vier bis fünf Jahre zu lagern, wird nicht empfohlen, weil sich die Qualität in den Flaschen verändert. Der Wein soll dunkel und kühl aufbewahrt werden, Weißwein bei einer Temperatur von 8 bis 12 Grad Celsius. Den Wein sollte man nicht zu kalt, aber auch nicht zu warm servieren. Kälte bindet die Duft- und Geschmacksstoffe, Wärme nimmt dem Wein die Frische und betont den Alkohol. Weißweine sollten so viele Wärmegrade haben als sie Prozente Alkoholvolumen enthalten, also zwischen 10 und 12 Grad Celsius.

Im Herbst herrscht in den idyllischen Weindörfern Weinseeligkeit, man lädt zu Weinfesten, die Einheimische und Touristen gleichermaßen anziehen. Als das stimmungsvollste gilt das Ende September auf dem Dorfanger von Altkötzschenbroda. Traditionell beginnt es mit dem Einzug der Sächsischen Weinkönigin und dem Weingott Bacchus, die das erste Fass vom Federweißen anstechen, einen milchig-trüben Traubenmost aus der jüngsten Lese, der sich zum Wein entwickelt. Sein Aussehen erinnert an tausend wirbelnde Federchen, daher der Name Federweißer; am besten schmeckt er, wenn die Gärung zur Hälfte abgelaufen ist. Federweißer, das behaupten Kenner, sei ein Gesundheitsgetränk, er förderte wegen seines hohen Hefezellenanteils die Verdauung und reinige das Blut. Doch Vorsicht ist trotzdem geboten, manch einer soll nach mehreren Gläschen Federweißem schon sein Hotel nicht mehr gefunden haben.

Elbhänge mit Weinreben

Feste, Traditionen und Events

Die Sachsen feiern gern. Kein Wochenende dürfte vergehen, an dem nicht irgendwo ein Volks- oder Heimatfest stattfindet. Zu erleben gibt es in Sachsen viel, oft sind die Einheimischen nicht mehr allein, Tausende kommen zum Mitfeiern angereist, beispielsweise wenn im Erzgebirge die Bergbrüderschaften in ihren schmuck en Uniformen aufmarschieren. Den Jahresreigen der Feste eröffnen die Sorben am 25. Januar mit der Vogelhochzeit, und den Abschluss bilden die Weihnachtsmärkte, zu denen vielfach Bergparaden gehören. Nicht wenige Events sind über die Landesgrenzen hinaus bekannt, vor allem hochkarätige Musikveranstaltungen. Oftmals muss man sich rechtzeitig bemühen, um eine Eintrittskarte zu ergattern.

Musikfeste

Sachsen ist ein Musikland par excellence, entsprechend vielseitig sind die Musikfeste. Im Mai wird in Dresden gejazzt. Zum **Internationalen Dixieland Festival Dresden** kommen die Jazzbands von weither angereist und erfüllen eine Woche lang die Stadt mit ihren Rhythmen. Gespielt wird in Konzertsälen und Clubs, auf Straßen und Plätzen und auf Schaufelraddampfern auf der Elbe. Aber auch Leipzig hat sich zu einer bedeutenden Stätte der europäischen Jazzlandschaft entwickelt. Ende September treffen sich bei den **Leipziger Jazztagen** etablierte und Nachwuchskünstler, um vor allem zeitgenössischen Jazz zu spielen. In **Görlitz** findet man sich Ende Mai, Anfang Juni zu den **Jazztagen** ein, einem multi-

Konzert auf Schloss Wackerbarth in Radebeul

medialen Projekt, das Tanz, Film, Literatur und Pantomime verbindet. Gespielt wird vor allem in Räumen mit außergewöhnlichem Ambiente wie Fabrikhallen, Kellergewölben, Höfen, Dachböden oder Villen.

Fast das ganze Jahr über finden die hochkarätigen Veranstaltungen des **Festivals Sandstein & Musik** in Schlössern, Burgen, Gärten, Kirchen und Steinbrüchen der Sächsischen Schweiz statt. Als eines der angesehensten Festivals der Kammermusik gilt weltweit das **Moritzburg Festival** im August. Gespielt wird in den Schlössern Moritzburg und Proschwitz, der Kirche in Moritzburg, aber auch in Dresden. Der **MDR-Musiksommer** lässt Musik, Architektur und Landschaft miteinander verschmelzen – die schönsten Orte Sachsens (sowie Sachsen-Anhalts und Thüringens) bilden eine eindrucksvolle Kulisse.

Jedes Jahr zwischen Mai und Juni bringen die **Dresdner Musikfestspiele** Kunstgenuss, sie stehen stets unter einem bestimmten Motto. Die Veranstaltungen des **Mittelsächsischen Kultursommers** von Mitte Juni bis Mitte September sollen die Menschen für die Kultur Mittelsachsens begeistern, und im Juni machen die Zwingerkonzerte den Innenhof des pompösen Dresdner Bauwerks zum Festsaal unter freiem Himmel. Im Juni kommen Bach-Freunde aus aller Welt zum **Bachfest Leipzig**, um an originalen Wirkungsstätten Bachs oder ungewöhnlichen Aufführungsorten der Musik des Meisters zu lauschen.

Seit 1987 finden Anfang Oktober die **Dresdner Tage der zeitgenössischen Musik** statt. Das Programm des Festivals der Gegenwartsmusik reicht von Musiktheater, Sinfonik, Tanz- und Filmmusik über Kammer- und elektronische Musik bis hin zu multimedialen Performances. Mit ungewöhnlichen Veranstaltungen an ebenso ungewöhnlichen Orten warten die **artmontan-Kulturtage** auf: Untertage-Räume im Erzgebirge sowie Produktionsstätten von Industriebetrieben. Ein Feuerwerk der europäischen Blasmusik ist jährlich im September im Kurbad Schlema zu erleben. Rund 800 Musiker, die in einem Dutzend Spitzenorchestern spielen, treffen sich zum **Europäischen Blasmusikfestival der Bergmannsblasorchester**. An einem einzigen Wochenende finden nonstop mehr als 60 Konzerte statt.

Zu den über Deutschlands Grenzen hinaus bekannten Musikwettbewerben gehört der **Internationale Instrumentalwettbewerb Markneukirchen** im Mai, der im jährlichen Wechsel von Streich- und Blasinstrumenten durchgeführt wird. Als der größte internationale Treffpunkt der Mundharmonikaspieler gilt das Festival **Mundharmonika-live** am dritten Septemberwochenende in Klingenthal und Umgebung.

Historische Feste

Mit großem Spektakel werden historische Bräuche und Traditionen gepflegt, viele sind mit dem Bergbau verknüpft. Höhepunkt der Feste im Erzgebirge sind die **Aufzüge der Bergbrüderschaften** in schmucken Uniformen. Den größten Bergaufzug erlebt am Tag Maria Magdalena (22. Juli) Schneeberg, er geht auf das Jahr 1494 zurück, als die Bergleute mit einem Aufzug – Protestmarsch würden wir heute dazu sagen – gegen die Kürzung ihres Wochenlohnes protestierten.

Weihnachtsmarkt in Zwickau

In der Chronik steht dazu: »Man wollte ihnen einen Groschen an ihrem Häuerlohn abbrechen, und dies erbitterte sie so, dass die Autorität aller Behörden auf dem Schneeberg gänzlich verschwand.« Später machten die Schneeberger ihren ›Streittag‹ alljährlich zum arbeitsfreien Feiertag und begingen ihn mit Berggottesdiensten und Aufzügen, Kurfürst Johann Georg II. sanktionierte das 1665. Das größte Volksfest im Erzgebirge, das schon seit 1520 gefeiert wird, ist die **Annaberger Kät**.

Am Himmelfahrtstag trifft man sich in Diesbar-Seußlitz zum **Heiratsmarkt** – zur größten Vatertagsparty, wie es heißt. Das Fest hat seinen Ursprung in einer Legende aus dem Jahr 1541. Damals sollen die Nonnen eines aufgelösten Klosters zum Jahrmarkt geeilt seien, der am Himmelfahrtstag in Seußlitz stattfand. Das sprach sich unter den Männern der Umgebung herum, die wegen der großen Auswahl an unverheirateten Frauen in Scharen nach Seußlitz zogen.

In Dresden ist das traditionsreichste Volksfest die im Juli stattfindende **Vogelwiese**. Um 1465 ging die Vogelwiese aus dem Pfingstschießen der Bogenschützen hervor, die das Schießen auf Vögel praktizierten. Das **Forstfest** in Kamenz wurde bereits 1521 urkundlich erwähnt. Das heutige Schul- und Heimatfest findet in der Woche um den Bartholomäustag (24. August) statt und endet mit dem festlichen Fackeleinzug der Kamenzer Schüler und Lehrer in die hell erleuchtete Stadt.

Reich an Sitten und Bräuchen ist die Oberlausitz, die besonders um Bautzen und Kamenz – dem Herzland der katholischen Sorben – gepflegt werden. Der Festkalender der Sorben beginnt bereits mit der **Vogelhochzeit** am 25. Januar, dem das **Zampern** vor der Fastenzeit folgt. Höhepunkt ist zweifelsohne das **Osterreiten**.

Wie die Osterbräuche zur Lausitz gehören, so gehört die Kirmes zum Vogtland. Einmal im Jahr brachte sie Abwechslung in die anstrengende Tagesarbeit der vogtländischen Bauernfamilien. Die **Kirwe** – wie der Obervogtländer sagt – war ursprünglich das Fest der Kirchweihe. Doch bald wurde aus dem Jahrestag der Kirchweihe ein weltliches Fest, dominierten der sich anschließende Markt und das Volksfest. Der Dichter Julius Mosen (1803–1867) erinnert sich: »Da wurden Sägeböcke und ausgehobene Türen herbeigeschafft, welche darauf gelegt wurden, um mit Pfefferkuchen befrachtet zu werden; ja, es fehlte auch nicht an Glücksbuden, wo um Kleinigkeiten gewürfelt wurde und wo man im glücklichsten Falle etwas Unnützes gewinne, auf jeden Fall seinen Kupferdreier loswerden konnte.« Einst dauerte die Kirwe von Sonntag bis Dienstag, und der Montag war natürlich schulfrei. Die Kirmes wird auch heute noch gefeiert, das Volksfest dauert aber meist nur noch einen Tag, hier und dort aber auch ein Wochenende.

Besonders aufwendig wird im Erzgebirge der **Schulbeginn** begangen, er ist ein riesiges Familienfest, das der Hochzeit nicht nachsteht. Da die Wohnungen die vielen Gäste nicht aufnehmen können, werden die Feiern in die Gaststätten verlegt. Für Touristen sind das keine guten Tage, weil sie oft vor verschlossenen Türen stehen, an denen man liest: ›Heute geschlossene Gesellschaft‹.

In Sachsen, so sagt man, habe **Weihnachten** seine Heimat. Das Erzgebirge gilt als das Weihnachtsland Deutschlands schlechthin, es wird in dieser Region regelrecht zelebriert, was mit der Geschichte zusammenhängt. Das Licht ist für den Bergmann seit jeher ein Zeichen für Leben und Hoffnung, für Geborgenheit und Glück. Er verließ das Haus im Dunkeln und fuhr ins Dunkle ein, bevor die Sonne die Nacht zum Tag machte und wenn er heimkehrte, war es meist schon wieder dunkel. Deshalb erstrahlen zu Weihnachten die Städte und Dörfer im

Forstfest in Kamenz

Lichterglanz. Sie verkörpern die Sehnsucht der Bergleute nach dem Licht, von dem sie unter Tage so wenig zu sehen bekamen. In den Wohnstuben halten Dutzende von Bergmannsfiguren, Nussknacker, Räuchermännchen und Pyramiden Einzug, Tausende von Kerzen leuchten aus den Fenstern in die Dunkelheit. Die Pyramiden, meterhohe Meisterwerke der Schnitzkunst, werden auf die Markt- und Gemeindeplätze gerückt. Auch die kerzenbestückten Schwibbögen leuchten überall, die ihren Ursprung ebenfalls im Bergbau haben. Zur **Mettenschicht**, der letzten vor dem Weihnachtsfest, hängten die Bergleute im Huthaus ihr Geleucht in einem Bogen auf, der das Stollenmundloch symbolisieren sollte. Ein Bergschmied namens Teller aus Johanngeorgenstadt fertigte daraufhin 1740 erstmals bogenförmige Eisenleuchter, Schwibbogen genannt. Bis in die 1930er Jahre waren Schwibbögen fast nur im Gebiet um Johanngeorgenstadt bekannt. 1937 wurde ein Schwibbogen als Signum für eine Volkskunstschau in Schwarzenberg ausgewählt, danach begann seine Verbreitung.

Im Vogtland stellt man in der Weihnachtszeit den Moosmann auf, der neben dem obligaten Stock eine Kerze trägt. ›Der Mousma‹ ist ein gütiger Waldgeist, der in allen Sagen den armen Menschen hilft. Um 1840 tauchten zum ersten Mal in Falkenstein Moosmänner als Weihnachtsfiguren auf.

Wer dem Duft von Lebkuchen, Bratäpfeln und Tannengrün folgt, gelangt zu einem der vielen Weihnachtsmärkte, die im Erzgebirge eine ganz besondere Atmosphäre ausstrahlen. Am berühmtesten jedoch ist der traditionsreiche **Dresdner Striezelmarkt**, dessen Geburtsstunde anno 1484 schlug, als Bäcker der Stadt das Recht bekamen, ihre Backwaren auf dem Markt feilzubieten. ›Rück mer weng' zsamm!‹ sagen die Schneeberger am 2. Advent, wenn Tausende sich in den Gas-

Schlossfest in Delitzsch

Historische Feste 75

sen zum **Lichtelfest** drängen, wenn vom Rathausturm Bläser Weihnachtslieder erklingen lassen. Höhepunkt der weihnachtlichen Festlichkeit ist der Heiligabend, es findet die Bescherung mit Geschenken für die Lieben statt, das Abendessen ist Treff der gesamten Familie. Wer am nächsten Morgen zur **Christmette** geht, legt sich beizeiten schlafen, denn es heißt früh in die kalte Winternacht zu treten, die Mette beginnt meist um 5 oder 6 Uhr. Die Christmette mit dem Krippenspiel wird schon lange nicht mehr nur von Gläubigen besucht, sie gehört traditionell zum Weihnachtsfest wie der Stollen und die Räuchermännchen.

Sonstige Feste und Festivals

Das größte Volks- und Heimatfest im Freistaat ist der **Tag der Sachsen** an jedem ersten Septemberwochenende. Jährlich findet der Sachsentag in einem anderen Ort statt. Zum **Skifasching** am Fichtelberghang am Sonntag vor Rosenmontag sind in Oberwiesenthal die Narren los. Dazu gehört ein Gaudi-Programm am Skihang, mit Narrenspringen.

Eine der größten Veranstaltungen der neo-romantischen Schwarzen Szene ist das **Wave-Gotik-Treffen**, das jährlich am Pfingstwochenende in Leipzig stattfindet. Vier Tage lang stehen Dutzende von Konzerten sowie Filmvorführungen, Club-Partys, Ausstellungen und Mittelaltermärkte auf dem Programm. Ebenfalls in Leipzig trifft sich Anfang November die europäische Szene zum **Festival des zeitgenössischen europäischen Theaters**. Geboten werden Tanz- und Sprechtheater sowie die Zwischenbereiche der Performance-Kunst und musikalische Bühnenformen.

Dresden ist Mitte April Gastgeber für das **Dresdner Filmfest**, eines der bedeutendsten Kurzfilmfestivals in Deutschland. Wenig später, am 1. Mai, zieht die **Dampferparade** jährlich Tausende in die Elbestadt. Alle Schiffe legen gemeinsam am Vormittag am Terrassenufer ab, auf jedem Dampfer sorgt eine Kapelle für schwungvolle Unterhaltung.

Am dritten Juni-Wochenende geht es dann in der Äußeren Neustadt in Dresden hoch her, wenn das Fest **Bunte Republik Neustadt** gefeiert wird. Theatergruppen treten auf, Gaukler und Musikanten zeigen ihr Können, Trödelmärkte laden zum Stöbern. Neben dem **Elbhangfest**, das am letzten Wochenende im Juni entlang der Elbe von Loschwitz bis Pillnitz stattfindet, ist das Fest Bunte Republik Neustadt das Lieblingsfest der Dresdner. Genau eine Woche vor dem Einzug der West-Mark 1990 in die DDR proklamierten Alternative in der Inneren Neustadt eine eigene Republik, sie bildeten eine provisorische Regierung und brachten eigenes Geld in Umlauf. Die Grenzen der Republik, das Karree Bautzener Straße, Königsbrücker Straße, Bischofsweg und Prießnitzstraße, markierte man mit weißen Streifen auf dem Straßenpflaster. Übriggeblieben von der Bunten Republik ist das alternative Fest als beliebtes Nachbarschafts-, Kunst- und Kulturfest.

An einem Augustwochenende scheinen alle Görlitzer auf den Beinen zu sein. Das Internationale **Straßentheaterfestival Via Thea** verwandelt das gesamte Stadtzentrum in eine riesige Bühne. Mehr als 100 Künstler nicht nur aus Europa reisen an.

Leipzig ist Anziehungspunkt für Freunde von Kunst und Kultur, neuerdings aber auch für Wassersportbegeisterte. Denn die von der Braunkohle hinterlassene Mondkraterlandschaft verwandelt sich in ein Seenparadies. Mit viel Romantik warten das Heideland und die Täler von Mulde und Zschopau auf. In den Burgen und Schlössern im sanften Hügelland oder auf steilen Felsvorsprüngen gibt es viel zu entdecken.

Markkleeberger Park mit Weißem Haus